HELMUT SCHMIDT

Die Bildbiografie
eines Weltpolitikers

HELMUT SCHMIDT

Die Bildbiografie
eines Weltpolitikers

KOMET

Mit freundlicher Unterstützung der
pa•picture alliance
Ein Unternehmen der dpa-Gruppe

Abbildungsnachweis:

Hans Dall: S. 17
picture-alliance: S. 122 re.
picture-alliance/abaca: S. 127 u. re.
picture-alliance/akg-images: S. 19, 22, 61, 66 u.
picture-alliance/DPA FILE: S. 91
picture-alliance/dpa/dpaweb: S. 99 u., 109 u., 113
picture-alliance/Eventpress/Strussfoto: S. 122 li.
picture-alliance/Geisler-Fotopress: S. 126 o.
picture-alliance/rtn – radio tele nord: S. 127 u. li.
picture-alliance/Sven Simon: S. 11 re., 13, 18 u., 38 o., 40, 41, 47, 59 u., 62, 76 o., 77 o., 98 o., 118
picture-alliance/Tagesspiegel: S. 9
picture-alliance/Winfried Rothermel: S. 126 u.
picture-alliance/ZB: S. 112 u.

Alle übrigen Bilder: picture-alliance/dpa.

Emil-Hoffmann-Straße 1, D–50996 Köln
Autoren: Friedemann Bedürftig und Reinhard Barth
Produktion: Indianapolis Communication GmbH
Gesamtherstellung: KOMET Verlag GmbH, Köln

www.komet-verlag.de

ISBN 978-3-86941-019-7

www.komet-verlag.de

Inhalt

SCHULDLOS SCHULDIG

SCHULDLOS SCHULDIG

Keine Überraschung und doch ein schwerer Schock: Am 13. Oktober 1977 erschütterte die Meldung von der Kaperung eines deutschen Urlauberflugzeugs das politische Bonn und die Öffentlichkeit.

Über fünf Wochen dauerte nun schon der Nervenkrieg um Hanns Martin Schleyer an. Der Präsident der deutschen Arbeitgeberverbände war am 5. September 1977 von Terroristen der Roten Armee Fraktion (RAF) in Köln entführt worden. Forderung an die Bundesregierung unter Kanzler Helmut Schmidt: Freilassung von elf zu lebenslänglich verurteilten Mördern und Gesinnungsgenossen der Kidnapper, allen voran Andreas Baader, Gudrun Ensslin und Jan-Carl Raspe. Wes Ungeistes Kind die Geiselnehmer waren, daran gab es nach den vorangegangenen Bluttaten und den Umständen der brutalen Aktion keinerlei Zweifel. Die Täter hatten den Wagen Schleyers gestoppt, seinen Fahrer und drei in einem Begleitfahrzeug folgende Polizisten mit Geschossgarben aus Maschinenwaffen durchsiebt und den Arbeitgeberpräsidenten verschleppt. Nun drohten sie auch mit seiner Tötung, wenn ihren Forderungen nicht Folge geleistet würde.

Sichtlich gezeichnet von fast sechswöchiger Geiselhaft: Hanns Martin Schleyer unter Stern, MP und RAF-Kürzel auf einem Foto der Entführer. Sie nennen sich „Commando Siegfried Hausner" und kosten ihren scheinbaren Triumph aus, indem sie auf das „Commando Martyr Halimeh" verweisen, Eigenbezeichnung der arabischen Luftpiraten in der „Landshut".

Während sie den Druck auf die Regierung erhöhten und die verlangten Lebenszeichen ihrer Geisel in Form von flehentlichen Bitten um Rettung per Video verbreiteten, spielten die Fahnder auf Zeit in der immer schwächeren Hoffnung, den Unterschlupf der Verbrecher noch beizeiten finden und Schleyer lebend befreien zu können. Dafür hatte dieser selbst bald nur Bitterkeit übrig; in einer der genannten Botschaften äußerte er die Sorge, dass man gar nicht ernsthaft um sein Leben kämpfe, sondern nach Vorwänden suche, „mein stilles Ende" mit einer „technischen Panne" zu bemänteln. Der Kanzler geriet dadurch unter immer stärkeren Zugzwang, zumal auch die Angehörigen und Freunde des Opfers die Geduld zu verlieren drohten und sogar das Bundesverfassungsgericht, wenn auch vergebens, einschalteten.

Die Nervosität auf beiden Seiten wuchs. Besonders fürchtete man im Kanzleramt einen flankierenden „zweiten Schlag" („Der Spiegel"), der alle Beteiligten in eine ausweglose Lage manövrieren könnte. Er fiel am 13. Oktober aus drohend dunklem Himmel, wie gesagt, nicht überraschend und doch mit solcher Wucht, dass die Schockwellen das ganze Land erbeben ließen:

Um 14.38 Uhr meldet die Flugsicherung in Aix-en-Provence eine Kursabweichung der mit Ziel Frankfurt am Main von Mallorca gestarteten Lufthansa-Maschine „Landshut", einer Boeing 737 mit 86 Passagieren und 5 Besatzungsmitgliedern an Bord. Bald darauf gehen Forderungen der Entführer ein. Es handelt sich um ein vierköpfiges arabisches Terrorkommando unter Führung eines gewissen „Mahmud", der außer einem Lösegeld von 15 Millionen Dollar die Freilassung seiner deutschen „Kameraden" verlangt und damit droht, dass nun nicht mehr nur das Lebens Schleyers auf dem Spiel stehe, sondern auch das der 91 Geiseln an Bord des Flugzeugs. Offenbar sind RAF und arabische „Antiimperialisten" bestens vernetzt.

Ansätze dazu haben sich schon 1975 gezeigt, als unter Leitung von Bundeskanzler Schmidt beschlossen wurde, den entführten Berliner CDU-Vorsitzenden Peter Lorenz gegen RAF-Verurteilte auszutauschen und sie in das von ihnen gewünschte Zielland Jemen auszufliegen. Später sind die Freigepressten zurückgekehrt und haben neue Mordtaten begangen. Auf ihre damals intensivierten Kontakte gehen viele Verbindungen zur arabischen Terrorszene zurück. Schmidt hat aus der Lorenz-Entführung denn auch die Erkenntnis gewonnen, dass jedes Entgegenkommen die Terroristen stärkt und neue, ungleich größere Gefahren heraufbeschwört. Und er hat mit seinem damaligen Handeln die CDU-Opposition für sich eingenommen, die in der sich nun zuspitzenden Lage dazu bereit ist, seinen kompromisslosen Kurs mitzutragen. Auch den schwersten aller bisherigen Beschlüsse: Die Geiseln im Flugzeug durch ein Spezialkommando gewaltsam befreien zu lassen. Besonders schwer fällt die Entscheidung auch deswegen, weil damit die Überlebenschancen für Schleyer dramatisch schwinden, ganz gleich ob die riskante Aktion ein Erfolg wird oder scheitert.

Noch aber ist völlig ungewiss, wie sich der Irrflug der gekaperten Maschine entwickeln wird und wo ein Zugriff möglich sein könnte. Sie landet nach mehreren Stationen in Aden. Hier an der Südwestecke der Arabischen Halbinsel zeigt sich der ganze Ernst der Situation: Flugkapitän Jürgen Schumann, der den Passagieren mit seiner Umsicht und Ruhe bisher Halt und Zuversicht gegeben hat, wird am 16. Oktober von Mahmud vor aller Augen erschossen. Der Terrorist will gesehen haben, wie Schumann bei einer Inspektion des Fahrwerks der „Landshut" Kontakt mit Männern des Bodenpersonals aufgenommen hat, in Mahmuds Augen todeswürdig. Er zwingt nun den Kopiloten, das Flugzeug allein erneut zu starten und Mogadischu in Somalia am Horn von Afrika anzusteuern.

Nach einem Flug von Palma über Rom, Zypern und Beirut müssen die Menschen in der entführten Lufthansa-Boeing fast vierzig Stunden in Dubai ausharren. Die Klimaanlage kommt gegen die brütende Hitze bei Tag und gegen die Nachtkälte auf dem Rollfeld kaum an; die Freilassung kranker Geiseln lehnen die Terroristen brüsk ab.

Seit der Landung auf Zypern folgt eine deutsche Maschine mit Staatsminister Hans-Jürgen Wischnewski der entführten Boeing. Der Minister, wegen seiner exzellenten Nahost-Beziehungen „Ben Wisch" genannt, soll die politischen Entscheider vor Ort zur Kooperation mit den deutschen Stellen bewegen. Nur wenige Stunden nach der gekaperten „Landshut" landet er ebenfalls in Mogadischu und kann mit der Zusicherung, die freizulassenden deutschen Häftlinge seien bereits in einer Sondermaschine unterwegs nach Somalia, eine Verlängerung des Ultimatums der Entführer erreichen. Sie sehen im hohen Rang ihres Gesprächspartners offenbar ein Zeichen für nun ernsthafte Schritte zur Erfüllung ihrer Forderungen.

Wenige Stunden nach der Entführung Schleyers wendet sich Bundeskanzler Schmidt am 5. September 1977 mit einer Fernseherklärung an die Bevölkerung: „Die blutige Provokation von Köln richtet sich gegen uns alle."

Unbemerkt von ihnen kann nach Einbruch der Dunkelheit die Grenzschutzgruppe (GSG) 9 in Mogadischu landen und mit den Vorbereitungen zur Befreiung der Geiseln beginnen. Um 0.05 Uhr am 18. Oktober beginnt der Sturm auf die Maschine, bei dem die GSG-Männer Blendgranaten und Tonbomben einsetzen. Lichtblitz und infernalischer Krach überrumpeln die Terroristen und hindern sie an effektiver Gegenwehr. Drei werden erschossen, eine der beiden beteiligten Terroristinnen erleidet schwere Verletzungen, alle Geiseln kommen unversehrt oder mit nur leichten Blessuren davon. Um 0.12 Uhr meldet Wischnewski nach Bonn: „Die Arbeit ist erledigt." Kanzler Schmidt schämt sich seiner Tränen nicht.

RAF

Im Gefolge der Studentenbewegung leiteten einige wenige Radikale aus der theoretischen Gewaltdiskussion das Recht auf tatsächliche Gewaltanwendung gegen das „imperialistische" politische System der Bundesrepublik ab. Zunächst nach den führenden Köpfen Andreas Baader und Ulrike Meinhof „Baader-Meinhof-Bande" genannt, gaben sie sich bald den programmatischen Namen „Rote Armee Fraktion", abgekürzt RAF. Sie verstanden sich dabei nicht als Untergruppe (Fraktion) einer revolutionären Bewegung, sondern unter Rückgriff auf das bolschewistische Vorbild als „militärische" Avantgarde einer noch gar nicht existenten revolutionären Partei und wollten mit ihren Aktionen die Umsturz-Situation erst herbeibomben und -terrorisieren. Geburtsstunde war die gewaltsame Befreiung des verurteilten Kaufhausbrandstifters Baader am 14. Mai 1970. Konnten die Untergrundkämpfer anfangs noch mit gewissen Sympathien bei linken Intellektuellen rechnen, verloren sie nach den ersten Mordtaten bald jeden Rückhalt. 1972 wurde der harte Kern der RAF, neben Baader und Meinhof vor allem Ensslin und Raspe, verhaftet und 1977 zu lebenslanger Haft verurteilt. In dem von Provokationen seitens der Angeklagten geprägten langwierigen Prozess gelang es ihnen nicht, das „Schweinesystem" wie erhofft zu entlarven. Ihr Ende war die selbstmörderische Konsequnz aus ihrem vollständigen Scheitern.

Freudig begrüßt Helmut Schmidt bei der Heimkehr die Stewardess Gabriele („Gabi") Dillmann, die bei der Befreiung in Mogadischu leicht am Bein verletzt worden ist. Hinter dem Kanzler mit dunkler Brille Staatsminister Hans-Jürgen Wischnewski („Ben Wisch"), zu seiner Rechten SPD-Chef Willy Brandt und Innenminister Werner Maihofer.

20. Oktober 1977: Ulrich Wegener, Kommandeur der Antiterroreinheit Grenzschutzgruppe 9 (GSG 9), beim Handschlag mit Bundeskanzler Schmidt vor der Verleihung des Großen Verdienstkreuzes des Verdienstordens der Bundesrepublik Deutschland für die erfolgreiche Geiselbefreiung bei der „Operation Feuerzauber", Codebezeichnung für den Sturm auf die entführte „Landshut". Im Hintergrund seine Männer.

Später bekannte er, dass ihn nach den Wochen der extremen Anspannung die Gefühle überwältigt hatten. Gefühle des Triumphs? Das wohl auch, doch eher solche der Erleichterung und sicher solche der Trauer und Sorge. Trauer über den Tod des Flugkapitäns und Sorge über das Schicksal Schleyers. Sie war nur zu berechtigt: Aus dem Hochsicherheitstrakt des Gefängnisses Stuttgart-Stammheim ging am Morgen darauf die Meldung ein, dass sich die dort einsitzenden Topterroristen Baader, Ensslin und Raspe nach Bekanntwerden der Befreiungsaktion von Mogadischu das Leben genommen hatten. Wer ihre noch in Freiheit befindlichen Komplizen kannte, und kaum jemand kannte sie inzwischen besser als der Krisenstab im Kanzleramt, der wusste, dass die Aussichten auf eine Rettung Schleyers damit praktisch auf null gesunken waren.

Das bestätigte sich am 19. Oktober: Die Kidnapper gaben in ihrer entmenschten Diktion über die Nachrichtenagentur dpa bekannt: „Wir haben nach 43 Tagen Hanns Martin Schleyers klägliche und korrupte Existenz beendet ... Wir werden Schmidt und den ihn unterstützenden Imperialisten nie das vergossene Blut vergessen ..." Geschrieben von Leuten, die nicht eine Sekunde gezögert hatten, die vier Begleiter Schleyers wie tolle Hunde abzuschießen.

Und sie fügten in ihrem revolutionären Wahn noch drohend hinzu: „Der Kampf hat erst begonnen." Wie sie in allem geirrt hatten, so auch darin. Der „deutsche Herbst" war hierzulande der Kulminations-, zugleich aber auch der Wendepunkt im Kampf gegen den Terror. Die Demokratie hatte sich wehrhafter gezeigt, als es die verbohrten Ideologen für möglich gehalten hatten. Die noch nicht gänzlich verblen-

deten „Kämpfer“ mussten über kurz oder lang erkennen, dass es einen Rückhalt bei den von ihnen gern beschworenen Massen für sie nicht gab und nie geben würde. Am 20. Oktober schloss Bundeskanzler Schmidt vor dem Bundestag seine Regierungserklärung mit den Worten:

„Wer weiß, dass er so oder so, trotz allen Bemühens, mit Versäumnis und Schuld belastet sein wird, wie immer er handelt, der wird von sich selbst nicht sagen wollen, er habe alles getan und alles sei richtig gewesen ... Wohl aber wird er sagen dürfen: Dieses und dieses haben wir entschieden, jenes und jenes haben wir aus diesen oder jenen Gründen unterlassen. Alles dies haben wir zu verantworten.“

Gedenkminute im Deutschen Bundestag am 8. September 1977 für den vor drei Tagen entführten Arbeitgeberpräsidenten Schleyer und seine vier ermordeten Begleiter. Von links: Staatssekretär Andreas von Schoeler, Bundesaußenminister Hans-Dietrich Genscher und Bundeskanzler Helmut Schmidt.

Beim Trauergottesdienst für Hanns Martin Schleyer in der Stuttgarter katholischen Kirche St. Eberhard sitzt Helmut Schmidt neben der Witwe des Opfers, Waltrude Schleyer. Bis ins höchste Alter beschäftigte ihn die ausweglose Situation von 1977, und er bekannte: „Ich bin verstrickt in Schuld.“

GESTOHLENE JAHRE

GESTOHLENE JAHRE

Im Nachhinein klopfen Biografen die Lebensdaten bedeutender Menschen gern auf Symbolhaltigkeit ab, und das Geburtsdatum spielt dabei nicht nur für astrologisch orientierte Autoren eine besondere Rolle: Helmut Schmidt kam einen Tag vor dem Heiligen Abend 1918 als erster Sohn des Lehrers Gustav Schmidt und seiner Frau Ludovica, geborener Koch, im Hamburger Arbeiterstadtteil Barmbek zur Welt und gehörte damit – wer will, darf darin ein Zeichen sehen – zu den ersten Neubürgern der ersten deutschen Demokratie. Gewiss haben sich die Eltern über die schöne Bescherung gefreut. Doch zugleich dürfte ihnen auch bang ums Herz gewesen sein angesichts der düsteren Zukunft Deutschlands nach dem soeben verlorenen großen Krieg.

Sie wurde für die Schmidts zwar zunächst nicht so schwierig wie für viele Mitbarmbeker, die zu Hungerlöhnen arbeiten mussten oder arbeitslos waren, doch ein Lehrergehalt war damals auch nicht eben üppig. Immerhin hatte Gustav Schmidt, aufgewachsen im Haushalt eines Hafenarbeiters, einen Aufstieg geschafft, wie er nur wenigen vergönnt war. Inwieweit das damit zusammenhing, dass sein leiblicher Vater aus einer jüdischen Bankiersfamilie namens Gumbel stammte und den von den Schmidts adoptierten unehelichen Sohn womöglich insgeheim gefördert hatte, lässt sich nicht mehr feststellen; von Helmut Schmidts Großvater väterlicherseits haben sich alle Spuren verloren. Bei der nach 1933 vom Hitler-Staat angeordne-

Familie Schmidt 1924: Vater Gustav, Helmut, Mutter Ludovica und der jüngere Bruder Wolfgang.

ten Ahnenforschung musste sich Gustav Schmidt mit dem amtlichen Bescheid begnügen: „Vater unbekannt“.

Seine eigene kleine Karriere ließ ihn streng darauf achten, dass auch seine Kinder eine ordentliche Ausbildung bekamen. Bei Helmut scheint das allerdings nicht viel Strenge erfordert zu haben, denn der 1925 eingeschulte Junge war buchstäblich an allem interessiert, erhielt Klavierstunden, verschlang Bücherberge, malte, trieb intensiv Sport und hing dem Traum nach, Architekt oder gar Städteplaner zu werden wie der zu seiner Jugendzeit berühmte Fritz Höger (1877–1949), Erbauer des Chilehauses (1924), oder wie der Hamburger Oberbaudirektor Fritz Schumacher (1869–1947), dessen Klinker-Ensembles noch heute im Bild der Hansestadt deutliche Akzente setzen.

In Schmidts Kindheit gewann das Gesicht seiner Heimatstadt Hamburg völlig neue Züge durch die repräsentativen Klinkerbauten von Architekten wie Fritz Schumacher, der auch die Lichtwarkschule (heute Heinrich-Hertz-Schule) errichtete. Durch diese Türen ging der junge Helmut achteinhalb Jahre lang und erwarb hier wichtige Teile des Rüstzeugs für seine außergewöhnliche Karriere.

Auch ein für Helmut Schmidt bedeutendes und im doppelten Sinn lebenswegweisendes Gebäude hat Schumacher entworfen: die Lichtwark-Oberschule am Stadtpark (heute Heinrich-Hertz-Schule), benannt nach dem Kunsterzieher Alfred Lichtwark (1852–1914). In seinem Geist unterrichteten dort engagierte Reformpädagogen, als Schmidt 1929 in die Sexta (heute: fünfte Klasse) eintrat. Es war – damals höchst ungewöhnlich – eine gemischte Klasse aus Mädchen und Jungen, denn Erziehungsmotto war: die Kinder in der Gemeinschaft für die Gemeinschaft heranbilden, und die besteht eben je zur Hälfte aus weiblichen und männlichen Menschen. Und so drückten hier der kleine Helmut und seine damals noch ein paar Zentimeter längere und ein Vierteljahr jüngere Freundin seit Kindertagen Hannelore (selbstgegebener Spitzname Loki) Glaser gemeinsam die Schulbank.

„Drückten“ ist eigentlich ein zu negativer Begriff, denn Helmut wie Loki gingen ausgesprochen gern zur Schule. Noch als Kanzler erinnerte sich der einstige Lichtwarkschüler dankbar, „wie man uns junge Menschen dazu gebracht hat, von Fall zu Fall uns selbständig auf völlig verschiedenen Gebieten zu tummeln“. Und von den Pädagogen an seiner Schule sagte er mit großem Respekt: „Es waren von ihrer Aufgabe innerlich besessene, gute Lehrer.“ Loki, Tochter eines Handwerkers in beengten Verhältnissen, sah das nicht anders. Beide bedauerten allerdings, dass sie nicht gemeinsam Abitur machen durften. Den Nazi-Kulturfunktionären passte schon die Koedukation nicht und der liberale Schulbetrieb noch viel weniger; 1937 wurde der Name Lichtwark getilgt und die Schule mit einem Jungen-Gymnasium fusioniert. Die Kultusbehörden waren zudem gehalten, die Jungen wegen des hohen Soldatenbedarfs der Wehrmacht schneller zum Abschluss zu führen. Anfang 1937, nach nur acht Gymnasialjahren, erhielt Schmidt das Reifezeugnis; die Mädchen folgten ein halbes Jahr später, mussten aber schon an einer anderen Schule die Prüfung ablegen.

Überhaupt hatte sich der politische Wind seit 1933 radikal gedreht und die Pädagogik für Jungen einen Drall ins Militärische erhalten; Mädchenbildung galt ohnedies als nachrangig. Der schon vorher großgeschriebene Sport wurde noch wichtiger, und rassischer Argwohn ging um. Jetzt hielten es auch die Eltern Schmidt für angezeigt, Helmut in seine tatsächliche Herkunft einzuweihen, vermuteten sie doch, dass dem Sohn der gewünschte Beitritt zur Hitlerjugend (HJ) verwehrt werden könnte. Einer solchen Enttäuschung wollten sie vorbeugen. Es kam aber ganz anders. Der sportliche Helmut, inzwischen in einem Hamburger Jugend-Ruderverein engagiert, wurde gar nicht weiter auf seine Abstammung geprüft, sondern samt Verein 1934 in die Marine-HJ übernommen. Dass er 1936 wieder rausgeworfen wurde, hatte auch

Zweieinhalb Jahre jünger als Helmut (rechts) war sein Bruder und Spielgefährte Wolfgang (1921–2006), der dem Älteren später über den Kopf wuchs und Lehrer wurde.

Größer als alle fünf Buben: Loki Glaser auf einem Kindergeburtstag 1929. Das wegen der buchstäblichen Schlagfertigkeit respektvoll „Schmeling" genannte Mädchen besuchte dieselbe Klasse der Lichtwarkschule wie Schmidt (zu ihrer Linken); 1942 heirateten die beiden.

nichts mit „arischen“ Bedenken zu tun, sondern mit verbalen Ausrutschern seinerseits („Meckereien“ nannte er sie später), die wohl schon den späteren „Schmidt-Schnauze“ ahnen ließen.

Die Schule war noch nicht ganz auf autoritären Kurs eingeschwenkt, sodass Schmidt mit einem vorzüglichen Zeugnis „ins Leben“ (so hieß das seinerzeit) entlassen wurde. Dieses Leben freilich konnte sich auch ein Einser-Abiturient damals nicht aussuchen, denn es ging von der Schulbank ohne Umweg zum Reichsarbeitsdienst (RAD). Der kunstsinnige, hochgebildete junge Mann geriet dort in ein Klima ideologischer Nazi-Verbohrtheit, und länger als das übliche halbe Jahr hätte er sicher nicht durchgehalten. Den anschließenden Wehrdienst bei einer Flakeinheit in Vegesack (heute zu Bremen) empfand Schmidt danach fast als „Oase“. Auch noch nach Kriegsausbruch am 1. September 1939, denn der Himmel über Deutschland blieb noch lange ruhig, weil die britische Royal Air Force (RAF) zunächst nicht über die Schlagkraft verfügte, die ihr wirkungsvolle Luftangriffe auf Ziele im Reichsgebiet erlaubt hätte. Allerdings konnte nun auf unabsehbare Zeit auch nichts aus Schmidts angestrebtem Architekturstudium werden. Deswegen empfand Schmidt später seine Militärzeit als acht „gestohlene Jahre“.

Das wurde auch nach den „Blitzkriegen“ in Nord (April 1940 Dänemark und Norwegen), West (Mai/Juni 1940 Niederlande, Belgien und Frankreich) und Süd (April/Mai 1941 Jugoslawien und Griechenland) klar, denn das von Winston Churchill geführte Großbritannien ließ sich weiterhin in seiner Kriegsentschlossenheit nicht wankend machen. Hitler setzte daher auf die Ostkarte und wollte durch einen Sieg

Werbeplakat für die HJ: Die Marine-HJ, in die Schmidts Ruderklub integriert wurde, galt als eine besonders feine Gruppierung. Schmidts kritische Haltung führte schon bald zu seiner Suspendierung.

Hitlerjugend (HJ)

Eine Jugendorganisation bildete die NSDAP schon 1922 in Form des „Jungsturms Adolf Hitler“ in der SA; den Namen „Hitlerjugend“, kurz HJ, erhielt sie 1926. Mit Gesetz vom 1. Dezember 1936 rückte sie in den Rang der „Staatsjugend“. Die HJ gliederte sich nun in Jungvolk und Jungmädel (10- bis 14-Jährige) sowie Bund Deutscher Mädel (BDM) und eigentliche HJ (15- bis 18-Jährige) in 40 Gebieten, die unterteilt waren in Banne, Stämme, Gefolgschaften, Scharen und auf unterster Ebene Kameradschaften. Die Mitgliedschaft war spätestens seit 1940 Pflicht, doch auch schon vorher konnten sich nur wenige dem Druck zum Beitritt entziehen, „rassische“ Eignung vorausgesetzt. Der Druck wurde verstärkt durch das attraktive Freizeitangebot der HJ mit Fahrten und Lagerleben, Geländespielen, paramilitärischer Ausbildung an der Waffe, sportlichen Wettkämpfen, Möglichkeiten zur Betätigung in Sonderformationen wie Flieger- oder Marine-HJ sowie in Musikkorps. Auch das Konzept der „Selbstführung“ gemäß Hitlers Forderung „Jugend muss durch Jugend geführt werden!“ reizte viele als Befreiung von der Gängelei in Schule und Elternhaus. Dass vor allem hinter der Erfassung und Schulung der männlichen Jugend der Wehrgedanke und mithin der von vornherein geplante Krieg steckte, ging nur wenigen auf.

Kurz vor dem Abitur aufgenommen: Helmut Schmidt 1936 mit seinen Eltern, die mit den Leistungen ihres Ältesten mehr als zufrieden sein konnten. Die Ähnlichkeit von Mutter und Sohn fällt besonders ins Auge.

über das angeblich „für den Zusammenbruch reife" Russland London in die Knie zwingen. Nun kam auch für den inzwischen zum Leutnant beförderten Schmidt das Ende der bequem gebremsten Kriegführung. Mit einer Leichten Flakabteilung musste er sich im Sommer 1941 der 1. Panzerdivision anschließen und im Verband der Heeresgruppe Nord durch das Baltikum auf Leningrad vorrücken. Hier erlebte er die „große Scheiße", wie er den Krieg später immer wieder in wütender Drastik nennen sollte.

Während der Winterkrise vor Moskau wurden Kräfte aus dem Norden in den Mittelabschnitt verlegt, darunter Schmidt und seine Männer. Spätestens jetzt ging dem Patrioten Schmidt auf, dass Hitler sich übernommen hatte und dabei war, eine ganze Generation junger Deutscher für eine von vornherein verlorene Sache zu verheizen. Die pausenlosen Angriffe der für den Winter gut gerüsteten Verbände der Roten Armee auf die bröckelnden deutschen Stellungen machten ihm das schmerzlich bewusst. Einige Zeit lang war er zudem mit Teilen der Panzergruppe 3 bei Klin an der Bahnstrecke Leningrad-Moskau eingeschlossen. Und obwohl der Kessel im Januar 1942 gesprengt werden konnte, änderte das nichts mehr an Schmidts Einschätzung der heraufziehenden Katastrophe. Hinzu kam das Entsetzen über deutsche Gräuel im rückwärtigen Gebiet bei Gefangenentransporten, die Partisanen-

Frisch zum Leutnant befördert, ließ sich Schmidt 1940 in Luftwaffenuniform ablichten, die blaugraue schirmlose Fliegermütze lässig schräg aufgesetzt, auf der rechten Brust der gestickte Hoheits-Adler mit Hakenkreuz in den Fängen. Der wirkliche Ernst des Krieges stand dem jungen Offizier noch bevor.

tätigkeit, das Abfackeln ganzer russischer Dörfer wegen angeblicher Freischärler darin, das qualvolle Sterben ungezählter Kameraden.

Noch im Winter 1942 konnte Schmidt endlich Heimaturlaub antreten. In Hamburg traf er sich mit seiner Jugendfreundin Loki, mit der ihn inzwischen mehr verband als Freundschaft. Im April verlobten sich die beiden, am 27. Juni wurde geheiratet. Vater Schmidt hatte mit seinen Einwänden, der Sohn habe ja noch nicht einmal einen Beruf, nichts ausrichten können. Die ständige Todesgefahr, unter der bei zunehmenden Luftangriffen nun auch die Menschen in der Heimat standen, ließ einen Aufschub nicht geraten erscheinen. Und auch die Behörden spielten mit: Man brauchte damals ein sogenanntes „Ehetauglichkeitszeugnis", und das bekam nur, wer arische Abstammung dokumentieren konnte. Schmidt entsann sich der Bescheinigung für den Vater, nach der dessen Vater „unbekannt" war, und legte sie dem Vorgesetzten vor. Der hielt von dem „Nazi-Kram" offenbar nicht viel, bescheinigte „arischer Nachweis erbracht" und ebnete so dem jungen Paar den Weg.

Unterdessen war Schmidt zum Oberleutnant befördert und als Referent zum Reichsluftfahrtministerium nach Berlin abkommandiert worden, das später nach Bernau verlegt wurde. Im Juli 1943 besuchte ihn seine Frau bei einem Lehrgang in Rerik an der Ostseeküste nördlich von Wismar. Bis hierher konnten die beiden ihre Heimatstadt Hamburg brennen sehen, als beim westalliierten Unternehmen „Gomorrha" zwischen dem 24. und dem 30. Juli eine Woche lang Großangriffe auf die Millionenmetropole geflogen und 9000 Tonnen Bomben abgeworfen wurden. Mindestens 30 000 Menschen kamen dabei ums Leben, rund 300 000 Wohnungen wurden vernichtet, der Hafen war zum Schiffsfriedhof geworden, 58 Kirchen, 12 Brücken und 24 Krankenhäuser lagen in Trümmern. Loki erinnerte sich später: „Morgens war es in Mecklenburg dunkel wie im Winter; die Sonne schien dunkelrot. Helmut gelang es, nach Hamburg durchzukommen und festzustellen, dass unsere Eltern lebten."

Die Zeichen standen auf Zusammenbruch, und Schmidt verstand sie zu lesen. Doch wo war ein Ausweg aus dem Dilemma zwischen soldatischer Pflicht und Erkenntnis des verbrecherischen Charakters des Hitler-Regimes? Er zog nicht die Konsequenz wie die Offiziere, die am 20. Juli 1944 versuchten, Hitler und sein Terrorsystem zu beseitigen. Was ihm geblüht hätte, musste er jedoch hautnah miterleben. Zu den Schauprozessen, in denen die Verschwörer von Roland Freisler, dem Vorsitzenden des Volksgerichtshofs, förmlich an den Galgen gebrüllt wurden, hatten die Behörden Zuschauer abzustellen. Schmidt wurde von seinem Ministerium entsandt und erlebte gegen Ulrich von Hassell und vier andere eine Verhandlung, die er 1946 in einem Brief an Hassells Witwe als „ausschließlich auf menschliche Entwürdigung und seelische Vernichtung" abgestellt charakterisierte. Ob er seinem Unmut auch anderen gegenüber schon gleich nach dem Prozess Luft gemacht hatte? Ein Vorgesetzter sorgte jedenfalls umgehend dafür, dass Schmidt an die Front versetzt und damit der Geheimen Staatspolizei entzogen wurde.

Die Trennung von der Familie fiel ihm schwer, denn jetzt war sie erst eine richtige durch die Geburt des Sohnes Helmut-Walter, zärtlich Moritz oder Moritzchen genannt, am 26. Juni 1944. Doch die Gefahr einer Verhaftung in der nach dem Attentat zusätzlich mit Argwohn aufgeladenen Atmosphäre, in der die Wände Ohren hatten, war zu groß. Es ging an die Westfront, wo Hitler in einem sinnlosen, ja widersinnigen Kraftakt die Angloamerikaner zurückwerfen wollte, um so ihre in seinen Augen „widernatürliche Koalition" mit den Sowjets aufbrechen und sich und seine Wehrmacht als Verbündete gegen den Bolschewismus empfehlen zu können. Dass er allein diese Koalition zusammengezwungen hatte und durch weitere Anstrengungen nur noch fester fügen würde, entging dem von Joseph Goebbels so gern beschworenen „Genie des Führers".

Als vom Reichsluftfahrtministerium entsandter Zwangszuschauer war Helmut Schmidt Zeuge der Demütigung des Diplomaten Ulrich von Hassell vor dem Volksgerichtshof. Den Angeklagten hatten die Verschwörer des 20. Juli nach einem Gelingen des Umsturzes als Außenminister vorgesehen. Das Todesurteil stand von Anfang an fest; am 8. August 1944 wurde es vollstreckt.

20. Juli 1944

Einziges Erfolg versprechendes unter den rund drei Dutzend Attentaten auf Hitler war der Bombenanschlag von Claus Graf Schenk von Stauffenberg vom 20. Juli 1944 im Führerhauptquartier „Wolfsschanze" bei Rastenburg in Ostpreußen. Hier ging es nicht nur um die Tötung des Tyrannen, sondern zugleich um den Sturz des gesamten NS-Systems. Und es war nicht die Tat eines Einzelnen, sondern eine von langer Hand geplante Verschwörung fast des gesamten Widerstands. Angesichts der ungeheuerlichen Verbrechen des Regimes sahen die Beteiligten sich zum Handeln getrieben. Trotz der umfassenden Bündelung der Opposition aber war ihre Personaldecke äußerst dünn, sodass Stauffenberg sowohl den Anschlag in Ostpreußen ausführen als auch den Putsch in Berlin leiten musste. Dadurch ging wertvolle Zeit verloren, in der die Nachricht vom Überleben Hitlers Berlin erreichte, ehe der Umsturz umfassend eingeleitet werden konnte. Ob entschlosseneres Vorgehen von Erfolg gekrönt gewesen wäre, scheint zweifelhaft, denn der nur leicht verletzte Hitler, auf den die Soldaten den Eid geleistet hatten, genoss immer noch weithin tiefe Verehrung. Gegen 23 Uhr war der Putsch endgültig gescheitert. Stauffenberg und drei Mittäter wurden standrechtlich erschossen, andere nahmen sich in den nächsten Tagen das Leben, etwa 200 wurden hingerichtet.

Wie schon im Osten, überstand Schmidt die Kämpfe an der westlichen Reichsgrenze unverletzt und doch tief deprimiert. Nicht nur wegen der schweren materiellen und moralischen Verwüstung des Vaterlands, sondern vor allem weil ihn in dieser Zeit die erschütternde Nachricht von Loki erreichte, „dass unser Moritz tot ist". Der Kleine war einer Hirnhautentzündung erlegen. Rettende Antibiotika nämlich gab es auf deutscher Seite allenfalls für die Nazi-Prominenz. Schmidt erhielt Urlaub und fuhr nach Hamburg. Das nun wieder kinderlose Ehepaar reiste ans Grab ihres Sohnes östlich von Berlin, wohin Loki wegen der Frontnähe nur als uniformierte Luftwaffenhelferin getarnt fahren konnte. Auch hier hielt ein Vorgesetzter ihres Mannes seine schützende Hand über die trauernden Eltern.

Für den Offizier Schmidt ging es danach wieder an die bröckelnde Westfront im rasant schrumpfenden Großdeutschen Reich. In der Lüneburger Heide, vor der eigenen Haustür sozusagen, geriet er kurz vor Kriegsende in englische Gefangenschaft. Loki erfuhr durch entlassene Kameraden ihres Mannes immerhin, dass er am Leben war. Ende August 1945 wurde auch er entlassen in eine Heimatstadt, die in weiten Teilen aus Ruinen und Trümmerbergen bestand. Doch das Leben darin kam allmählich wieder in Gang. Man behalf sich mit Notlösungen, und man half einander in der Not, so gut man irgend konnte. Unterkriegen ließen sich die meisten Übriggebliebenen jedenfalls nicht, und die Schmidts hatten beide keinerlei Talent zum Verzagen.

Hands up! Deutsche Soldaten im März 1945 beim Marsch in amerikanische Kriegsgefangenschaft. Sie hatten wie ihr Kamerad Schmidt doppeltes Glück: Wenigstens körperlich einigermaßen unversehrt dem Hitler-Krieg entronnen, wurden sie von einem der Westalliierten in Gewahrsam genommen. Die meisten kamen schon nach wenigen Wochen oder Monaten frei, während viele Landser im Osten jahrelang unter härtesten Bedingungen in sowjetischen Lagern festgehalten wurden.

ZWISCHEN ELBE UND RHEIN

Fast 27 Jahre alt und nur im nun nutzlosen Waffenhandwerk geschult, das war die Situation des Heimkehrers Schmidt 1945. Seiner Frau war es besser ergangen. Sie hatte zwar das ersehnte Studium der Botanik aus wirtschaftlichen Gründen nicht absolvieren können, doch eine Ausbildung zur Lehrerin hatte ihr eine berufliche Zukunft gesichert. Sie ernährte in den nächsten vier Jahren die Familie, während sich ihr Mann ans Nachholen machte: Er konnte endlich in seiner Heimatstadt studieren, obwohl auch nicht wie geplant Architektur, sondern Volkswirtschaft, weil er sich sonst erneut von seiner Familie hätte trennen müssen, die seit 1947 durch die Tochter Susanne bereichert wurde. Der Ausweg sollte sich als Autobahn zum Erfolg erweisen, auch wenn Schmidt selbst lebenslang ein gewisses Bedauern über die verpasste künstlerische Laufbahn nicht ganz überwinden konnte.

Er wäre aber allenfalls ein brillanter Fachmann und nicht der eminent politische Mensch geworden, der er bis ins höchste Alter blieb, hätte er sich in den Studienjahren nicht auch mit Rechtsphilosophie und Staatskunde beschäftigt. Seine Erinnerungen an die Weimarer Republik boten ihm ja nicht einmal eine schwache Ahnung von demokratischer Kultur; es war eher abschreckend, was er darüber mitbekommen hatte und später hörte. Jetzt schloss er Bekanntschaft mit den westlichen Gesellschaftsmodellen und erlebte an der Universität den ungeheuren kulturellen Aufschwung durch die „Wohltat" der Meinungsfreiheit. „Wir waren erfüllt vom unbekannten Abenteuer geistigen Nicht-eingeengt-Seins, von der Suche nach einem neuen Deutschland", schrieb er 1967.

Insofern war er auch froh, dass ihm das „Brotstudium" Zeit für die so bitter vermisste Lektüre von in Hitler-Deutschland verbotener Literatur und von lange nicht erreichbaren ausländischen Werken ließ. Schmidt hatte nicht nur beruflichen Nachholbedarf, sondern suchte zudem nach Anknüpfung an die Bildung, die ihm die Lichtwarkschule vermittelt hatte. Auch deswegen bemühte er sich um einen raschen Universitätsabschluss, der ihm 1949 mit einer ungemein aktuellen Arbeit gelang: „Die Währungsreformen in Japan und Deutschland im Vergleich", wobei er das deutsche, erst vor einem Jahr umgesetzte Verfahren als das erfolgreichere wertete. Das dürfte auch im Sinne eines seiner Hochschullehrer gewesen sein, den er damals kennenlernte: Karl Schiller (1911–1994). Über ihn und Schmidt gibt es eine Geschichte, die, wenn nicht wahr, so doch wunderbar erfunden ist: Schiller habe den frisch examinierten Schmidt gefragt, ob er nicht noch promovieren wolle. Dazu, so Schmidt, habe er nicht die Zeit, und außerdem werde er

War der Städteplaner und Baumeister Fritz Schumacher Auslöser für den Berufswunsch des jungen Helmut, so wurde Kurt Schumacher, der erste Vorsitzende der West-SPD nach dem Krieg, zum Vorbild des Heimkehrers Schmidt auf dem Weg zum Berufspolitiker. Der von den Torturen im Nazi-KZ gezeichnete virtuose Redner faszinierte ihn auch durch seinen Patriotismus und seine entschiedene Abgrenzung vom Kommunismus.

Aus den Architekturplänen war nichts geworden, doch am Wiederaufbau mitwirken ließ sich ja auch auf anderen Gebieten. Nach wenigen Jahren als Verkehrsreferent im Hamburger Senat suchte Schmidt größere politische Verantwortung: Foto des 1953 frisch gewählten Bundestagsabgeordneten.

den Doktorhut ehrenhalber bekommen. Am Ende hatte er so viele solcher Hüte, dass er einen Monat lang jeden Tag einen anderen hätte aufsetzen können.

Nein, weitere Zeit – das Gefühl hat den um wichtige Jugendjahre gebrachten Mann lange begleitet – durfte er nicht verlieren, zumal bei ihm inzwischen die politische Leidenschaft erwacht war. An der Wiege war ihm das nicht gesungen worden, und bewusst erlebt hatte er Politik im Grunde nur als brutale Aggression. Erst in der Gefangenschaft begegnete er weit älteren Kameraden, die in ihm das Interesse an der Gestaltung gesellschaftlichen Zusammenlebens weckten. Immer wieder betont Schmidt in seinen erinnernden Werken vor allem den Einfluss des hochdekorierten Oberstleutnants Hans Bohnenkamp (1893–1977). Der begabte Pädagoge vermittelte dem jungen Offizier sozialistisches Gedankengut und trug damit zur Hinwendung Schmidts zur Sozialdemokratie bei. Im „Solidaritätsprinzip der Sozialisten" fand er zudem dieselbe Grundhaltung, wie er sie in der Kameradschaft während des Krieges dankbar erlebt hatte und wie er sie nun in den schweren Tagen der Gefangenschaft erneut erfuhr.

Nur wenige Monate nach seiner Heimkehr trat Schmidt 1946 in die SPD ein. Hier hatte er anders als bei den Kommunisten Mitstreiter für eine soziale Realpolitik, die den Menschen Wege im Hier und Jetzt hin zu einer besseren Zukunft wies und sie nicht auf ferne Utopien vertröstete. Zwar stieß er auch in der SPD noch auf marxistisches Gedankengut, das ihm immer fremd blieb, doch die demokratische Bändigung nahm den ideologischen Phrasen die Spitze. Außerdem hatten in der

Partei Männer die Führung übernommen, die ihr solidarisches Projekt glaubwürdig verkörperten, allen voran der Parteivorsitzende selbst: Kurt Schumacher (1895 bis 1952), sichtlich gezeichnet vom Leiden in Hitlers Lagern und doch entschlossen und energisch wie wenige, sprach den Neuling in besonderer Weise an, war er doch, so Schmidt in einem Interview in den 1980er-Jahren, „aus ähnlichen Gründen nach dem Ersten Weltkrieg Sozialdemokrat geworden wie ich nach dem Zweiten". Gemeint: Um des Kampfes willen für soziale Gerechtigkeit.

Und mit dem von den Nazis verfolgten Schumacher verband den gewesenen Wehrmachtsoffizier Schmidt erstaunlicherweise auch eine patriotische Grundüberzeugung. Sie immunisierte den in der britischen Zone (Hannover) amtierenden Vorsitzenden gegen kommunistische Sirenenklänge, denen sein Kollege Otto Grotewohl in der Sowjetzone erlag und wohl auch erliegen musste. Ehe der Riss durch Deutschland unheilbar wurde, gab es zwischen der Ost-SPD, die im April 1946 mit der KPD zur Sozialistischen Einheitspartei Deutschlands (SED) fusionierte, oder genauer: fusioniert wurde, und Schumachers Partei schon keine Brücke mehr. Wie sein Vorbild Schumacher lehnte auch Schmidt das aufgepfropfte sowjetische Modell entschieden ab, so sehr ihn die Trennung als Patrioten schmerzen musste.

Viele in der Partei mochten dem nicht ohne Weiteres folgen; sie wollten auch weiterhin den Gesprächsfaden zu den Ostgenossen nicht abreißen lassen. Auf Sicht aber setzte sich die realistische Einschätzung Schumachers durch, und es mag ein wenig dabei geholfen haben, dass der Neuling Schmidt 1947 auf Anhieb zum Vorsitzenden des Sozialistischen Deutschen Studentenbundes (SDS) gewählt wurde und die Jugendorganisation in diesem Sinne beeinflussen konnte. Als er im Jahr darauf den Posten wieder abgab, war die Diskussion weitgehend abgeschlossen und Schmidt wo nicht rundum anerkannt, so doch weithin respektiert, wofür nicht zuletzt seine zuweilen scharfe Argumentation, sein rednerisches Talent und sein sicheres Gespür für die politischen Notwendigkeiten gesorgt hatten. Ausgeprägten sozialdemokratischen Stallgeruch aber, wie die proletarische Duftnote genannt wird, entwickelte Schmidt kaum. Dazu fehlte es ihm an Kumpelhaftigkeit, und dazu war er innerlich zu unabhängig.

Sein Mentor Karl Schiller, wie Schmidt 1946 der SPD beigetreten, war 1948 Hamburger Senator für Verkehr geworden und holte den selbstbewussten Dreißiger als Referent in seine Behörde, wo er rasch größere Aufgaben übernahm und sicher weit gekommen wäre, wenn er die entsprechende Geduld aufgebracht hätte. Doch schon 1953 trieb es Schmidt zur Bewerbung um ein Bundestagsmandat, das er über die Landesliste auch erhielt, obwohl die SPD hatte Federn lassen müssen angesichts des einsetzenden „Wirtschaftswunders", das der CDU gutgeschrieben wurde.

Knapp vierzig Jahre jung, eloquent und angriffslustig: Der verteidigungspolitische Sprecher der SPD Schmidt bei seiner fulminanten Rede gegen die nukleare Bewaffnung der Bundeswehr am 20. März 1958. Er ersparte den Gegnern von der Union nichts, mutete aber auch den eigenen Leuten einiges zu, indem er Rüstung als den Preis der Freiheit für unumgänglich erklärte.

Als Befürworter eines deutschen Wehrbeitrags ließ Helmut Schmidt trotz der Kritik aus seiner SPD Taten folgen. Im Oktober/November 1958 nahm er an einer Wehrübung an der Flugabwehrschule Rendsburg teil und wurde zum Hauptmann der Reserve befördert.

Wie ungeliebt die Wiederbewaffnung auch noch nach Gründung der Bundeswehr bei Sozialdemokraten war, belegte eine Demonstration von SPD-Männern des „Arbeiterjugendkartells Köln" am 28. Januar 1956. Sie zogen in einem Fahrzeugkorso durch die Stadt und forderten zur Wehrdienstverweigerung und zum Boykott der Wehrgesetze auf.

Gewöhnungsbedürftig auch für einen eingefleischten Zivilisten wie Bundeskanzler Konrad Adenauer (mit hellem Hut): Besichtigung eines HS-30-Schützenpanzermodells der schweizerisch-spanischen Firma Hispano Suiza am 25. August 1958 zusammen mit Verteidigungsminister Strauß (zur Linken des Kanzlers). Mehrere tausend Stück hatte die Bundeswehr von diesem untermotorisierten Typ mit der 20-mm-Maschinenkanone bestellt. Später aufgedeckt wurden Schmiergeldzahlungen bei der Beschaffung, was in den 1960er-Jahren einen der ersten großen Rüstungsskandale in der Bundesrepublik auslöste.

Im Bonner Parlament und in seiner Fraktion profilierte sich der gelernte Offizier Schmidt bald als Wehrexperte. Darum riss sich in der SPD niemand, denn die deutsche Wiederbewaffnung war alles andere als beliebt. Man fürchtete, damit endgültig die Chancen auf eine Wiedervereinigung zu verspielen, und viele hielten es noch mit dem bald zum Verteidigungsminister ernannten Franz Josef Strauß (1915-1988), der 1949 gesagt hatte: „Wer noch einmal das Gewehr in die Hand nehmen will, dem soll die Hand abfallen." Überhaupt Strauß: Der temperamentvolle, fast eruptiv argumentierende Bayer wurde zu einem Lieblingsgegner Schmidts, der dessen grobe Klötze gekonnt mit groben Keilen erwiderte. In der Debatte um nukleare Bewaffnung verpackte er das 1958 so: „Ich glaube der Verteidigungsminister ist ein gefährlicher Minister, gerade wegen seiner überragenden Fähigkeiten, meine Damen und Herren, ein gefährlicher Minister."

Noch saß Schmidt nicht in der ersten Reihe der SPD, als es 1959 in Bad Godesberg um ein von marxistischen Grundsätzen befreites neues Programm der Partei ging. Er hatte aber mit seinem Werben für einen deutschen Wehrbeitrag bereits entscheidend dazu beigetragen, dass die SPD Kurs Richtung Volkspartei einschlug. Auf dem Podium: Ganz links der Vorsitzende Erich Ollenhauer, daneben Herbert Wehner, in der Mitte Fraktionschef Fritz Erler, vierter von rechts Staatsrechtler Carlo Schmid, der maßgeblich an der Neuformulierung des Programms mitgewirkt hatte.

Unionspolitiker, Urheber vermutlich Richard Jäger (1913-1998), verpassten ihm dafür den Spitznamen „Schmidt-Schnauze". Den empfand er eher als Auszeichnung, und sein Ansehen in den eigenen Reihen wuchs dadurch nur. Schmidt gelang es, die Partei mit der Wiederbewaffnung zu versöhnen, sie ihr als Preis der Freiheit zu vermitteln, für die jeder, auch die Deutschen, einen Beitrag zu leisten habe. Damit beeinflusste Schmidt den Kurs der Partei maßgeblich, die sich in Godesberg 1959 vom letzten marxistischen Ballast trennte und bei den Wahlen 1961 mit Willy Brandt (1913-1992) als ihrem Kanzlerkandidaten Boden gut machen konnte. Für eine Ablösung der Regierung Adenauer aber reichte es nicht. Schmidt schaute wieder auf sein Zeitkonto und entschied sich, dem Ruf nach Hamburg auf den dort neu geschaffenen Posten des Innensenators zu folgen.

Also zurück an die Elbe, und auch dieser Umweg brachte ihn schneller weiter, als es die Fortsetzung der Bonner Ochsentour vermocht hätte. Schmidt war erst wenige Monate im Amt, als er am Sonnabend, dem 17. Februar 1962, in den frühen Morgenstunden bei stürmischem Wetter von einer Innenministerkonferenz in Berlin in sein Haus im Stadtteil Langenhorn zurückkehrte. Dort fand er Alarmmeldungen über einen Pegelstand der Elbe vor, wie es ihn seit Menschengedenken nicht gegeben hatte: vier Meter über dem mittleren Hochwasser, also 5,70 Meter über Normalnull. Große Teile der Innenstadt waren bereits überflutet. Weit höhere Gefahr aber bestand für die tiefer gelegenen Teile Hamburgs, insbesondere für die Gebiete, die von den beiden großen Elbarmen umspült werden, insbesondere für Wilhelmsburg, das volllaufen konnte wie ein Loch. Erste Deichbrüche waren bereits gemeldet. Schmidt warf sich erneut in den Wagen, raste zum Polizeipräsidium. Bürgermeister Paul Nevermann war zur Kur, sein Stellvertreter nicht gleich greifbar. Schmidt übernahm augenblicklich das Kommando in dieser schwersten Notlage der Hansestadt seit dem Feuersturm 1943.

Er nutzte seine Verbindungen nach Bonn, unterstellte sich mehrere Pionierbataillone der Bundeswehr, orderte Hubschrauber und ließ die Maschinen trotz weit überschrittener zulässiger Windgeschwindigkeit immer wieder aufsteigen und frierende Menschen von Dächern und aus Bäumen „pflücken“. Er richtete ein Nachrichtenzentrum ein, sorgte dafür, dass unentwegt Warnungen über Rundfunk und durch Lautsprecherwagen abgesetzt wurden, und hetzte seine Boten mit Befehlen an die Brennpunkte. Auch alliierte Einheiten aus den nahen Standorten stellten sich ihm zur Verfügung, insgesamt 7500 Mann. Sie halfen bei den umfangreichen Evakuierungen (18 000 Einwohner), reihten sich in die Ketten der Sandsackwerfer ein, gaben Decken, Medikamente, Trinkwasser und Nahrungsmittel aus, schufen Notquartiere. Die wegen vieler Zäune oft versagenden Schlauchboote ließ Schmidt durch Schnellboote der Bundesmarine ergänzen. Polizei, Feuerwehr, Notfalldienste und städtisches Personal aus allen Behörden, insgesamt 25 000 Helfer, spannte er bis zur Erschöpfung in die Rettungsarbeiten ein, ließ sich über die Notgebiete fliegen und dirigierte seine Leute aus der Luft. Müdigkeit kannte er keine.

Ihm war es zu danken, dass sich die Katastrophe in Grenzen hielt, so furchtbar die Bilanz auch war: 315 Tote, darunter einige Helfer, allein in Hamburg, 6000 Wohnungen zerstört, 1000 Gehöfte untergegangen, kaum zu zählende Viehverluste. Schmidt hatte Umsicht bewiesen und Führungsstärke gezeigt; niemand hatte sich seinen Weisungen verweigert, und niemand fordert danach von ihm Rechenschaft, obwohl er sich ohne Zögern über Vorschriften und Kompetenzgrenzen hinweggesetzt hatte. Der einstige Oberleutnant hatte agiert wie ein Feldherr und den Fluten zahllose Menschen entrissen. Buchstäblich über Nacht war er zu einem der bekanntesten Politiker der Bundesrepublik geworden.

Kein Wunder, dass ihn Willy Brandt in sein Schattenkabinett für die Wahlen 1965 holte, eher schon, dass Schmidt sich zur Verfügung stellte. Das aber erklärte sich daraus, dass er seine Aufbauarbeit in Hamburg nach vier Jahren als weitgehend getan ansah und dass er sich durchaus Hoffnungen auf einen Erfolg der SPD im Bund machen durfte. Doch wieder langte es nicht, zu

Beim unablässigen Pendeln zwischen Hamburg und Bonn ständige Station für Schmidt in den 1950/60-er Jahren: der Hauptbahnhof der Hansestadt (Foto um 1960).

populär noch war Adenauers Nachfolger Ludwig Erhard (1897–1977), der „Vater des Wirtschaftswunders". Dass diesem gerade auf seinem ureigensten Gebiet die Kontrolle entglitt und dass er das Land in eine erste Rezession steuerte, wurde erst im Verlauf des Folgejahrs deutlich. Da war schon klar, dass Schmidt Fraktionsvorsitzender im Bundestag als Nachfolger des todkranken Fritz Erler (1913–1967) werden sollte. Als dann Ende 1966 die Große Koalition aus CDU und SPD unter Kanzler Kurt Georg Kiesinger (1904–1988) stand, brauchte der nunmehrige Außenminister Brandt Schmidt für die Disziplin in der Fraktion; das Ministeramt musste warten.

Zum Glück, wie Schmidt bald einsah, denn die Fraktion dirigierte er allein, als Minister wäre er einer von vielen gewesen. Sein Gewicht in der Partei wuchs weiter, vor allem auch weil er es verstand, mit seinem Kollegen von der Union, Rainer

Barzel (1924–2006), wie es dieser formulierte, „nicht nur zusammen zu arbeiten, sondern auch zusammenzuarbeiten" . Und auch die Zustimmung zur SPD wuchs damit, dass es ihr im Bündnis mit der CDU gelang, die Wirtschaftskrise sehr rasch zu überwinden, wobei Karl Schiller (Wirtschaft) mit Franz Josef Strauß (Finanzen) ein ähnlich erfolgreiches Duo, nach Wilhelm Busch „Plisch und Plum" genannt, bildeten wie Schmidt/Barzel. Die SPD hatte ihre Regierungsfähigkeit bewiesen, was die Wähler

Schlimmer als die Küsten wurde Hamburg von der Februarflut 1962 getroffen, da die Städter in ihrer eingewohnten Sicherheit eine solche Bedrohung kaum noch für möglich gehalten hatten. Das Luftbild zeigt einen Hubschrauber über dem völlig überschwemmten Wilhelmsburg.

1969 honorierten. Jedenfalls reichte es zu einer Koalition der Sozial- (SPD) mit den Freidemokraten (FDP). Willy Brandt war am Ziel.

Der als Berliner Bürgermeister populär gewordene Mann mit der heiseren Stimme wurde zum Kanzler gewählt und nahm nun auch Schmidt in die Pflicht als Verteidigungsminister. Dieses klassische Ressort hatte er zwar immer angestrebt, doch war ihm schon vor Amtsantritt klar, dass er in seiner Partei damit nicht gerade Starstatus hatte. Hinzu kam, dass er Fingerspitzengefühl für Empfindlichkeiten der Truppe brauchte und zugleich Diplomat sein musste im Umgang mit den Verbündeten, allen voran mit der Schutzmacht USA. Sie suchte er von einem Konzept der dosierten gegenseitigen Abrüstung von Ost und West zu überzeugen und konnte Gespräche in dieser Richtung in Gang bringen. Damit flankierte er den Aussöhnungskurs, den sein Kanzler mit der „neuen Ostpolitik" gegenüber den Staaten des Warschauer Pakts einschlug und der trotz erbitterten Widerstands in der CDU/CSU bei den Wählern auf wachsende Zustimmung stieß.

Sie führte Ende 1972 nach einem im April gescheiterten konstruktiven Misstrauensvotum gegen Bundeskanzler Brandt zum besten Ergebnis der SPD bei Bundestagswahlen: 45,8 Prozent und damit erstmals stärkste politische Kraft im Land, und das trotz schwerer Zerreißprobe in der Regierung kurz zuvor: Der vom Volk bewunderte Superminister Karl Schiller (Wirtschaft und Finanzen) mochte die Schuldenpolitik nicht mehr mitmachen und verlangte ausgerechnet die Kürzung des Wehretats, was zur Kollision mit Schmidt führen musste, der das Geld dringend für die konventionelle Rüstung brauchte, auf die es bei einer Abrüstung auf dem Gebiet der strategischen Abschreckungswaffen entscheidend ankommen würde. Schiller fühlte sich von Brandt im Stich gelassen, sah sich nicht zuletzt wegen seiner „Starallüren" in der Partei isoliert und warf das Handtuch. Und wer wurde Nachfolger in diesen Schlüsselressorts? Sein einstiger Student und jetziger Rivale Schmidt natürlich.

Willy Brandt, der dynamische Regierende Bürgermeister von West-Berlin, wurde Hoffnungsträger bei den Bundestagswahlen 1961 und 1965. Bei seiner Suche nach unverbrauchten Mitstreitern wurde er schon früh auf Schmidt aufmerksam, den bei der Hamburger Flutkatastrophe bewährten Krisenmanager.

Wie ein tobendes Meer brandete die Elbe in der Nacht vom 16. auf den 17. Februar gegen die Hamburger Deiche und durchbrach sie an über sechzig Stellen. Ungeheure Wassermassen fluteten in die tiefer gelegenen Stadtteile, sodass schließlich ein Sechstel des gesamten Stadtgebiets unter Wasser stand, vielfach so hoch, dass sich die Menschen auf Dächer und Bäume flüchteten. Die zur Reparatur der Deiche eingesetzten Arbeitskommandos (großes Bild) standen oft hilflos der Übermacht der Natur gegenüber. Helfer bargen Kinder und Alte, Gebrechliche und Verletzte in Schlauchbooten oder trugen sie durch die „Wasserstraßen".

Schon am Nachmittag des Freitags, 16. Februar 1962, war absehbar, dass sich Schlimmes zusammenbraute: Das Gebiet um den Hamburger Hafen stand bereits unter Wasser (Bild oben: Die Straße „Vorsetzen" mit den Stelzen der U-Bahn), und der Pegel fiel bei Niedrigwasser weit weniger als üblich, ja er stieg bald wieder weiter an.

Besonders gefährdet waren durch die Flut in der Nacht zum 17. Februar 1962 die Laubenkolonien und die kleineren Häuser in den Gartengebieten. Hier blieb oft nur die Rettung aufs Dach, wenn das Haus bei ungünstiger Lage nicht gleich ganz fortgespült worden war. In der Nähe der Deichbruchstellen fanden viele Menschen den Tod, weil sie vom Druck der Fluten mitgerissen wurden.

Als ein Segen erwies sich der von Schmidt trotz der auch noch am 17. Februar anhaltenden hohen Windgeschwindigkeiten angeordnete Einsatz von Helikoptern. Sie waren oft die letzte Rettung für die Menschen in Bäumen oder auf Balkonen von Häusern, an die man anders nicht herankommen konnte. Viel mitnehmen freilich konnten die aus ihrer schlimmen Lage Befreiten nicht, kaum mehr als das, was sie am Leibe trugen. In den Tagen darauf erst wurde vielen klar, was ihnen das Wasser geraubt hatte.

Für Besichtigungstouren hatte Innensenator Schmidt auch am 18. Februar noch keine Zeit, als sich Bundespräsident Heinrich Lübke (Mitte) angesagt hatte und sich ein Lagebild verschaffen wollte. Der Hamburger Zweite Bürgermeister Edgar Engelhard (heller Hut) führte das Staatsoberhaupt, das sich mit einigen Helfern und Betroffenen unterhielt.

Dank an 450 Soldaten, die sich beim Kampf gegen die Februarflut besonders ausgezeichnet hatten: Innensenator Schmidt (links) und Oberstleutnant Hans Busch (neben ihm) verliehen ihnen am 3. Dezember 1962 Dankmedaillen der Hansestadt.

Als habe die Stadtreinigung wochenlang gestreikt: So sah es noch am 22. Februar 1962 nach der Überflutung in Wilhelmsburger Straßen aus. Erinnerungen ans Trümmerräumen nach Luftangriffen stellten sich bei manchen Bewohnern wieder ein, wenn sie sich ans Aufräumen und ans Reparieren der Schäden machten.

DER SPIEGEL
18

DER SPIEGEL
DOKUMENTATION

Linke Seite oben: Der Frühjahrssturm hatte Hamburg 1962 schwer mitgenommen. Und die Stadt war im selben Jahr auch Ausgangsort für einen Herbststurm, der die junge deutsche Demokratie bedrohte: Der „Spiegel", das angriffslustige Nachrichtenmagazin, hatte mit dem Artikel „Bedingt abwehrbereit" über den Rüstungsstand der Republik nach Meinung vor allem von Verteidigungsminister Franz Josef Strauß Landesverrat begangen. Die Staatsmacht schlug hart zu, wogegen sich auf den Straßen wütender Protest formierte. Innensenator Schmidt versuchte, die Wogen zu glätten, hielt es aber eher mit den Demonstranten. Freunden gegenüber hatte er erbittert geäußert: „Die Strauß-Leute werden immer verrückter!"

Linke Seite unten links: Redaktions- und Dokumentationsräume des „Spiegel" in Bonn und Hamburg wurden durchsucht, Polizisten sicherten den „Tatort" (unten links) und nahmen einige Verantwortliche fest, darunter Herausgeber Rudolf Augstein und seinen Chefredakteur Claus Jacobi. Da sich die Vorwürfe bald als unbegründet erwiesen, wuchs sich die Affäre zu einer schweren Staatskrise aus.

Linke Seite unten rechts: Motor des Vorgehens gegen den „Spiegel" war Minister und Kanzler-Vertrauter Franz Josef Strauß (linke Seite rechts unten, Mitte). Er sorgte auch dafür, dass Conrad Ahlers, Autor des fraglichen Artikels, per Amtshilfeersuchen in Spanien festgenommen und von dort überstellt wurde. Nach Klärung des Sachverhalts musste der Minister daher auch seinen Hut nehmen; die Pressefreiheit hatte triumphiert und ging gestärkt aus dem Konflikt hervor.

Rudolf Augstein als Verantwortlicher im Sinn des Presserechts beim Gang zur Vernehmung durch die Bundesanwaltschaft im Hamburger Polizeihochhaus am Berliner Tor. Auf ihn vor allem zielte Strauß mit dem Vorgehen gegen das Nachrichtenmagazin, das sich seit langem auf den Minister und seine Affären eingeschossen hatte. Augstein musste 103 Tage in Untersuchungshaft verbringen. Trost wurde ihm reichlich zuteil durch eine deutliche Auflagensteigerung für sein „Sturmgeschütz der Demokratie", wie er den „Spiegel" gern nannte.

Als Hamburger Innensenator war Vater Helmut noch relativ viel zu Hause (links 1964 im Gespräch mit der 17-jährigen Tochter Susanne am Wohnzimmertisch). Das änderte sich mit dem Wechsel nach Bonn als Fraktionsvorsitzender der SPD im Bundestag seit 1966 sehr. Sein Arbeitsplatz war in weite Ferne von daheim gerückt, und sein Aktionsradius globalisierte sich geradezu aufgrund seiner wachsenden Aufgaben. Als Familienmensch fiel ihm das häufige Getrenntsein nicht leicht. Daher ließ er sich zuweilen von Frau und Tochter auf Reisen begleiten, wenn das mit den Ferien der beiden zu vereinbaren war. Für Erinnerungsbilder sorgte er selbst wie hier 1966 auf dem Roten Platz in Moskau, wobei der prominente „Sozi" seinerseits von allgegenwärtigen Fotografen abgelichtet wurde.

Gern ließ der seit erst wenigen Monaten amtierende Hamburger Erste Bürgermeister Herbert Weichmann (links) seinen besten Mann im Senat nicht ziehen. Doch Schmidt (zu seiner Linken) sah seine Arbeit in der Heimatstadt als weitgehend getan an. Die von ihm aufgebaute Innenbehörde leistete das Gewünschte, und so meinte ihr bisheriger Chef, das am 19. September 1965 errungene Bundestagsmandat annehmen zu können. Auf einer Pressekonferenz verkündet er Ende September seinen Entschluss, nach Bonn zu wechseln.

Als hätte Schmidt es geahnt: Nur wenige Monate nach seiner Entscheidung, sich wieder in Bonn zu engagieren, zeigte es sich, dass der 1965 im Amt bestätigte Bundeskanzler Ludwig Erhard rasant an Zustimmung verlor, weil ausgerechnet unter dem „Vater des Wirtschaftwunders" der ökonomische Motor der Bundesrepublik ins Stottern geriet. Selbst in der Union wuchsen die Zweifel an ihm. Und als die FDP wegen Differenzen in der Steuerpolitik die Koalition mit der CDU im Oktober 1966 verließ, begannen Sondierungen, ob nicht zur Bewältigung des wachsenden Problembergs eine Große Koalition nötig würde. Am 15. November 1966 trafen sich führende CDU-Politiker (linke Tischseite von vorn: Franz Josef Strauß, Kurt Georg Kiesinger, Rainer Barzel, Peter Wilhelm Brand) mit den „Obergenossen" (rechte Tischseite von vorn: Helmut Schmidt, Karl Schiller, Willy Brand, halbverdeckt Herbert Wehner, Alex Möller).

Obwohl sich ihre politischen Wege schon bald wieder trennten, begründete die respektvolle Zusammenarbeit während der drei gemeinsamen Jahre als Fraktionsvorsitzende 1966–69 in der Großen Koalition eine lebenslange Freundschaft zwischen Schmidt und Rainer Barzel (CDU, gegenüber mit Stirnglatze). Auch spätere heftige politische Kontroversen konnten das menschliche Fundament der Beziehung nicht erschüttern.

Rainer Barzel

Tief beklagt hat Helmut Schmidt in späteren Jahren immer, dass ihm so viele Freunde wegstarben. Dass er dazu trotz oft erbitterten Klingenkreuzens auch seinen einstigen redegewandten Kollegen als Fraktionschef Rainer Barzel rechnete, wurde deutlich, als er 2006 im Bundestag die Trauerrede hielt. Hier ein kurzer Auszug:

„Rainer Barzel hat einen klaren Unterschied gemacht zwischen dem Politiker und dem Staatsmann. Der Politiker handle ‚bestenfalls zum Wohle seiner Partei'; der Staatsmann dagegen handle zum Wohle seines Landes. Wenn diese Unterscheidung gelten darf, dann – davon bin ich überzeugt – muss Rainer Barzel ein Staatsmann genannt werden. Im Mai 1984, als er als Bundestagspräsident die Bundesversammlung zu leiten hatte – damals wurde Richard von Weizsäcker gewählt –, hat er den versammelten Frauen und Männern zugerufen: ‚Wir alle haben die Chance …, unsere Pflicht zu tun auf fröhliche Weise.' Heute, fast ein Vierteljahrhundert später, denke ich: Dieser Satz bleibt ein treffendes Motto für Barzels ganzes politisches Leben: ‚unsere Pflicht zu tun auf fröhliche Weise'."

Wo es galt, der Partei Stabilität und Selbstbewusstsein einzuimpfen, war der begehrte Redner Schmidt zur Stelle; hier am 2. März 1968 auf dem Landesparteitag der Saar-SPD. Als Fraktionsvorsitzender im Bundestag kannte er alle Unterströmungen und hatte ein untrügliches Gespür dafür entwickelt, wie sich die Vielfalt der Meinungen mit Blick auf gemeinsame Ziele bündeln ließen.

Erste Absetzbewegung von der Großen Koalition? Am 1. November 1968 tagte der SPD-Parteirat im Schöneberger Rathaus in Berlin. Haupttagesordnungspunkt: Aufstellung eines Kandidaten für die Bundespräsidentenwahl im Frühjahr 1969. Vor der Sitzung berieten sich NRW-Ministerpräsident Heinz Kühn (links) und Bundesratsminister Carlo Schmid, hinter ihnen Fraktionschef Schmidt (links) und Bundesgeschäftsführer Hans-Jürgen Wischnewski. Einhellige Meinung: Bundesjustizminister Gustav Heinemann sollte gegen den CDU-Kandidaten Gerhard Schröder antreten.

Durch Bildung der Großen Koalition war die Opposition im Parlament auf 49 FDP-Leute von insgesamt 496 Abgeordneten zusammengeschmolzen. Auch das trug dazu bei, dass sich der Widerstand gegen bestimmte Entscheidungen der schwarz-roten Regierung oftmals auf die Straße verlagerte, wo vor allem die rebellischen Studenten und andere Vertreter der sich formierenden Außerparlamentarischen Opposition (APO) das Sagen hatten. Politiker wie Helmut Schmidt (hier am 30. April 1968 am Rednerpult) äußerten durchaus Verständnis für manche Forderungen, beklagten aber auch „die elitäre Arroganz" ideologisch verblendeter Gruppierungen unter den Studenten.

Besonders erbitterte die Protestler, dass die Regierung eine Notstandsverfassung im Bundestag durchzupeitschen suchte, die für den Ernstfall einschneidende Eingriffe in Grundrechte vorsah. Dass es Männern wie Schmidt (Bild: erste Lesung des Gesetzes am 29. Juni 1967) darum ging, Vorbehaltsrechte der Siegermächte abzulösen, konnte den Unmut nicht dämpfen.

Als „kleinbürgerlich" und „spießig" hätten die aufbegehrenden Studenten traute Szenen wie diese von „Papa" Helmut und Töchterlein Susanne aus dem Jahr 1969 bezeichnet. Selbst die betont lässige Kleidung hätte daran nichts geändert, weil viel zu konventionell. Und die Glimmstengel der beiden wären als „legale" Drogen verächtlich belächelt worden; ein Joint musste es mindestens sein, wenn man etwas gelten wollte.

SPD-Fraktionschef Schmidt wagte sich auch in Löwenhöhlen. Obwohl viele Jungsozialisten (Jusos) mit den Gegnern der Notstcndsgesetze sympathisierten, sprach er auf ihrem Bundeskongress in Frankfurt am 11. Mai 1968. Der Empfang durch die 200 Delegierten war wenig freundlich, und die realpolitischen Argumente Schmidts hatten kaum Chancen, im Protestklima Gehör zu finden. Ob sein sportlicher Abgang von der Bühne mehr Eindruck auf die jungen Leute machte, war schwer einzuschätzen. Die Fotografen jedenfalls knipsten wie wild.

Ungeheuren Schub gab der 68er Protestbewegung der Anschlag auf den Studentenführer Rudi Dutschke am 11. April 1968 durch einen verhetzten Arbeiter. Bei einer Kundgebung im Bonner Hofgarten gegen die Notstandsgesetze führten die über 60 000 Demonstranten außer roten Fahnen auch Bilder Dutschkes mit.

Ablenkung von den irdischen Wirren und neue Hoffnung auf weiteren Fortschritt für die Menschheit brachte Ende Juli 1969 die erste Landung von Astronauten auf dem Mond. Doch auch hier spielte Politik hinein, war es doch den USA mit dieser Demonstration darum gegangen, im Wettlauf der Systeme zu punkten. Vielleicht bestand ja nun, da das amerikanische Trauma angesichts der langjährigen sowjetischen Führung in der Raumfahrt überwunden war, die Chance auf Zusammenarbeit und damit letztlich auch auf schrittweisen Abbau der Blockkonfrontation? Als mutmachende Zeichen haben jedenfalls viele die Bilder vom Erdtrabanten empfunden, nicht zuletzt Politiker wie Schmidt, die auf Entspannung setzten.

Ein Traum war mit der Mondlandung Wirklichkeit geworden. Ein anderer platzte wenig später im selben Jahr. In Berlin hatte sich im Februar 1967 die Kommune 1 gebildet, eine Wohngemeinschaft einer Gruppe von rund zehn Männern und Frauen. Sie wollten „die Revolution leben", die „Zelle" Kleinfamilie sprengen und auch das Private politisch verstanden wissen. Mit provozierenden Aktionen machten sie Schlagzeilen, zogen Neugierige an, sich öffentlichen Argwohn zu und schließlich sogar den Zorn der Linken, die in der K1 ein rein egoistisches Modell sah. Im November 1969 war die Luft raus; die zuletzt in der Stephanstraße 60 in Moabit hausenden Kommunarden gingen auseinander unter Hinterlassung verwüsteter Räume.

Welche Partei würde von der Großen Koalition profitieren? Oder würden womöglich beide Großen abgestraft und könnte sich die an den Rand gedrängte FDP über Zuwächse freuen? Trotz des Zusammengehens in den letzten drei Jahren schenkten sich Union und SPD nichts, und beide schickten ihre besten Redner in die Wahlschlacht. Der unerschrockene Fraktionschef Schmidt musste natürlich wieder im schwierigsten Gelände agieren: Am 11. September 1969, nur gut zwei Wochen vor dem Urnengang, sprach er im großen Festsaal der Bierwirtschaft Heide-Volm in Planegg bei München – bestimmt nicht nur vor Anhängern. Immerhin hatte sich sein Ruf als packender Wahlkämpfer auch im schwarzen Bayern soweit herumgesprochen, dass alle Reihen voll besetzt waren und einige Hörer mit Stehplätzen vorliebnehmen mussten.

Bundestagswahl 1969: Die SPD hatte zugelegt, die FDP zwar Boden verloren, doch zusammen reichte es. Noch in der Wahlnacht wurden Koalitionsverhandlungen vereinbart, die am 2. Oktober begannen: Links die Freidemokraten (von vorn nach hinten) Walter Scheel, Wolfram Born, Hans-Dietrich Genscher, Josef Ertl und rechts die Sozialdemokraten Heinz Kühn, Willy Brandt, Helmut Schmidt, Alex Möller und Karl Schiller.

Die erste sozialdemokratisch geführte Bundesregierung stellte sich am 22. Oktober 1969 den Fotografen: In der Mitte vorn neben Bundespräsident Gustav Heinemann (mit Brille) Kanzler Willy Brandt und Außenminister Walter Scheel. Helmut Schmidt (links hinter Gesundheitsministerin Käte Strobel, der einzigen Frau im Kabinett) hatte die Fraktionsführung an Herbert Wehner abgegeben und das Verteidigungsministerium übernommen.

Schon wenige Tage nach der Amtsübernahme reiste der neue Bundesminister für Verteidigung zum Besuch bei der Truppe in die Bundeswehrgarnison Ebern in Unterfranken. Nach Abschreiten der Ehrenformation zusammen mit Oberstleutnant Wolf Dietrich von Drabich-Waechter (kleineres Bild) suchte Schmidt das Gespräch mit Unteroffizieren des Panzergrenadierbataillons 101. Mit seinem lockeren Auftreten, Zigarillo im Mundwinkel, war er bemüht, die Scheu der jungen Männer vor dem „hohen Tier" zu zerstreuen. Als Weltkriegsoffizier und Hauptmann der Reserve genoss Schmidt großes Vertrauen bei den Soldaten.

Wie wichtig ihm die Nähe zur Truppe war, belegte auch ein von Schmidt anberaumtes Diskussionstreffen: Luftwaffe, Marine und Heer entsandten 250 gewählte Vertrauensmänner, die mit dem Minister am 20. November 1969 in der Koblenzer Pionier-Kaserne ausführlich Meinungen austauschten. Schmidts weite Gesten sollten signalisieren, dass er für jede Kritik offen war. Eine solche Arbeitstagung war ein Novum in der Geschichte der Bundeswehr.

Auf dem Bundesparteitag der SPD vom 11. bis zum 14. Mai 1970 in Saarbrücken feierten die Delegierten die Regierungsübernahme vom Vorjahr und bestätigten die Führung in ihren Ämtern: Bundeskanzler Willy Brandt (Mitte) wurde mit 318 von 331 Stimmen als Vorsitzender wiedergewählt, und auch seine beiden Stellvertreter Fraktionschef Herbert Wehner (mit Pfeife) und Verteidigungsminister Helmut Schmidt (rechts) sowie Schatzmeister Alfred Nau (ganz links) fanden hohe Zustimmung.

Nicht leicht hatten es die beiden miteinander: Der oft in sich gekehrte, zögerliche Partei- und Regierungschef Brandt und sein bedingungslos loyaler, aber erheblich energischerer Mitarbeiter Schmidt. Während der eine trotz seiner Skrupel und Schwächen geliebt, ja von manchen geradezu vergöttert wurde, reichte es für den anderen meist nur zu Respekt. Schmidt hätte für eine solche Skizze vermutlich nur ein Knurren übrig. Vielleicht aber traf ihn die Ungerechtigkeit doch. Und es mag eine gewisse Genugtuung gewesen sein, als er in hohen Jahren aus dem Schatten des Charismatikers Brandt trat und die Anerkennung, ja Zuneigung fand, die ihm während seiner Amtszeit so oft versagt geblieben war.

Seltene Momente: Zum Ausspannen kam der Verteidigungsminister in den ersten Amtsmonaten kaum, und wenn dann auch nur sozusagen dienstlich. Das Bild zeigt ihn am 27. Juli 1971 in zünftigen „Klamotten" an Bord des Segelschulschiffs „Mistral" in der Kieler Bucht.

Dienst auch noch nach Feierabend: Der Kanzler hatte zum Gartenfest 1971 geladen, für einen wie Schmidt eine Pflichtveranstaltung, auch wenn er lieber noch am Schreibtisch Akten gewälzt hätte. Immerhin eigneten sich solche gesellschaftlichen Ereignisse vorzüglich dazu, Menschen aus dem nichtpolitischen Kosmos näher kennenzulernen. Was der Minister beim „Arbeitsrauchen" mit dem Schauspieler und Schriftsteller Hardy Krüger besprochen haben mag, ist nicht überliefert. Scheint aber anregend gewesen zu sein.

Jetzt waren sie wieder politische Konkurrenten, CDU-Fraktionschef Rainer Barzel und SPD-Minister Schmidt. Das hinderte die beiden aber nicht an regem Gedankenaustausch auf dem Bundespresseball 1971. Schmidt, der bei solchen Gelegenheiten gern Cola aus einer Rotweinflasche trank und den Sekt anderen überließ, pflegte seinen guten Kontakt zu den Spitzenleuten der Union; in der Politik gilt die Volksweisheit: „Ein Rad dreht sich", zu Deutsch: Wie schnell können die Rollen wechseln!

Noch nicht drei Jahre im Amt, und schon drohte ein Ressortwechsel: Anfang Juli 1972 (Foto) eskalierte die Krise zwischen dem Star der Regierung, Wirtschafts- und Finanzminister Karl Schiller, und dem Kanzler, der sich nicht an die Mahnungen seines Superministers hielt und in dessen Augen viel zu teure Vorhaben auf den Weg brachte. Schmidt war klar, dass Brandt ihn berufen würde, wenn Schiller hinschmiss.

Der Abgang von Superminister Schiller (hier bei der Übergabe seines Amtes an seinen einstigen Schüler und jetzigen Nachfolger Schmidt am 7. Juli 1972) kam für die Regierung Brandt äußerst ungelegen. Sie hatte im April 1972 knapp ein konstruktives Misstrauensvotum der CDU/CSU überstanden und Neuwahlen für den November angesetzt. Schadensbegrenzung konnte nur eine überzeugende Neubesetzung des Doppelressorts bringen, und da kam lediglich Brandts Allzweckwaffe Schmidt in Frage. Sie wirkte: Die Wahlen wurden zu einem einmaligen Triumph für die Sozialdemokraten. Brandt (großes Bild vorn Mitte neben dem bebrillten Bundespräsidenten Gustav Heinemann) konnte am 15. Dezember 1972 seine neue Regierungsmannschaft auf der Treppe des Bundespräsidialamtes vorstellen (zwei Reihen hinter dem Kanzler etwas höher Helmut Schmidt).

Kleine Lockerungsübung? Einen Tag, ehe Schmidt das schwere Doppelministerium für Wirtschaft und Finanzen übernahm, war er am 6. Juli 1972 noch zu Gast beim ZDF und spielte Showmaster Wim Thoelke (links mit Mütze) und Jazz-Musiker Max Greger (neben Thoelke) auf der Orgel vor.

Gegen dreißig Gegner trat der Internationale Schachmeister Mathias Gerusel 1973 bei einer Simultanveranstaltung in Bonn an, darunter gegen seinen zwanzig Jahre älteren Dienstherrn Finanzminister Schmidt. Böse Zungen behaupteten, dass das von Schmidt erkämpfte Remis vom Meister, der im Bundesfinanzministerium als Jurist tätig war, aus Karriererücksichten akzeptiert wurde.

Spannendes Spiel zur Entspannung: Das Ehepaar Schmidt vor dem Wochenendhaus am Brahmsee. Bei solchen Partien ging es trotz bequemer Haltung keineswegs ohne Ehrgeiz ab. Aus Lokis Lächeln auf dem unteren Bild lässt sich womöglich auf eine Gewinnstellung der weißen Steine schließen.

Sozialliberale Koalition im Umbruch: Willy Brandt hatte seinen Rücktritt als Kanzler erklärt, die Regierung musste sich völlig neu formieren. Für die FDP führten (vorn von links) Wolfgang Mischnick, Hans-Dietrich Genscher und Walter Scheel die Verhandlungen, für die SPD Helmut Schmidt, Herbert Wehner und Heinz Kühn (Foto vom 12. Mai 1974).

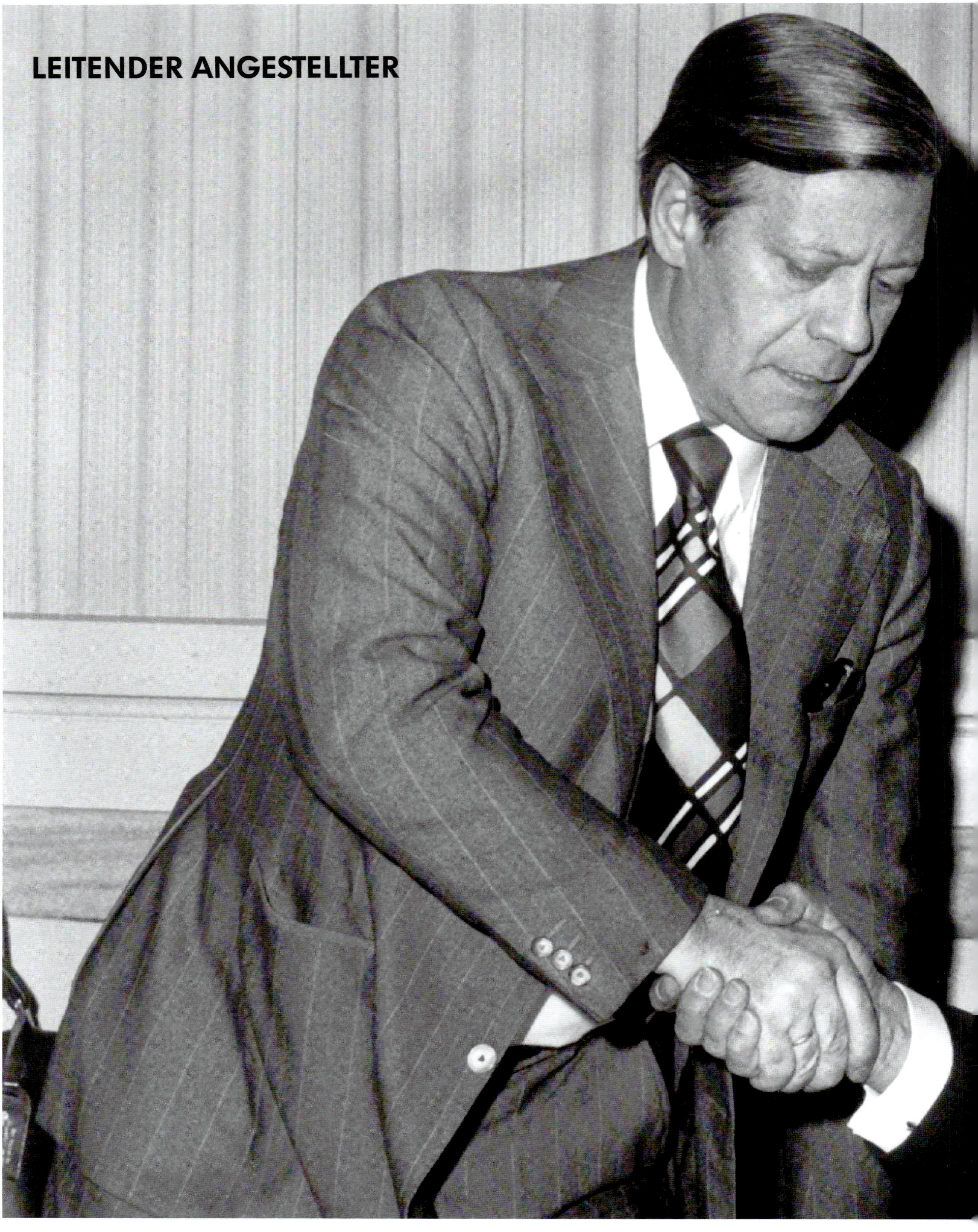
LEITENDER ANGESTELLTER

LEITENDER ANGESTELLTER

Es war, als hätte der Triumph Willy Brandt gelähmt. Der eindrucksvoll gestärkte Kanzler schwächelte zusehends. Oder waren die widrigen Umstände schuld, die sich nun häuften? Die Wirtschaft hatte sich gerade gefangen, da kam es Ende 1973 zum Ölpreisschock. Die arabischen Förderländer senkten die Produktion und trieben so den Preis drastisch nach oben. Damit wollten sie die Industriestaaten des Westens von ihrer proisraelischen Politik abbringen. Das hatte zwar keinen Erfolg, doch schwere Folgen für die Wirtschaft. Schmidt riet zu deutlichen Signalen an die Bevölkerung, dass „die Kacke am Dampfen war", so drückte er es im Rückblick mit aller Drastik aus. Die Regierung ordnete für vier Sonntage Fahrverbote an und setzte auf Geschwindigkeitsbegrenzungen. Das war nur Symbolpolitik, gewiss, aber wirksame. Noch heute schwärmen viele vom Erlebnis der gähnend leeren Straßen und Autobahnen.

„Ja, wo fahren sie denn?", fragte sich mancher frei nach Loriot angesichts der autofreien Autobahnen an den November-Sonntagen 1973. Die Ölkrise verschaffte der gehetzten Gesellschaft eine unerwünschte und doch lehrreiche Atem- und Denkpause.

Doch nicht nur wirtschaftliche Rückschläge oder Niederlagen bei Landtagswahlen (etwa März 1974 SPD-Verlust von über zehn Prozent in Schmidts Hamburg) bereiteten Sorgen. Brandt war offenbar seelisch schwer angeschlagen und erledigte oft nicht einmal das Dringlichste. Vieles mussten Schmidt als unbestritten zweiter Mann im Kabinett und Herbert Wehner (1906–1990), der 1969 von Schmidt die Fraktionsführung übernommen hatte, ohne ihren Chef auf den Weg bringen. Schmidt dachte zeitweilig sogar daran, die Brocken hinzuschmeißen. Wehner dagegen entschloss sich, den Schlendrian so oder so zu beenden. Entweder reagierte der Kanzler auf einen Weckruf oder er würde Platz machen müssen für einen Nachfolger. Anlässlich einer Moskaureise äußerte Wehner sich wenig freundlich über seinen Regierungschef. „Der Herr badet gern lau", soll er einem Interviewer

Der Kanzler und sein Schatten. Als das Foto im April 1974 entstand, wusste Willy Brandt bereits, dass sein Referent Günter Guillaume ein DDR-Spion war; die Verhaftung war stündlich zu erwarten. Selbst Guillaumes Auftraggeber bereuten bald ihren Coup, denn die innerdeutsche Entspannung hatte gelitten, zum Schaden der Menschen, aber auch zum Schaden der DDR-Führung selbst.

über Brandt gesagt haben. Das bestreiten Kenner in dieser Form, doch die Worte klingen so Wehnerisch, dass sie jedenfalls nicht pure Erfindung sein dürften.

Aber kamen sie beim Adressaten an? Die „Troika" Brandt, Schmidt, Wehner war sicherlich kein Harmonie-Trio und schon gar kein inniger Freundesbund, doch so starker Tobak war auch unter einander wenig gewogenen Parteigenossen unüblich. Der Schock saß tief, Brandt aber zauderte: Eine Konfrontation mit dem zornmächtigen „Zuchtmeister" der Partei und gewieften Machttaktiker Wehner würde wenig erquicklich werden. Zum Glück, so möchte man beinahe sagen, erledigte sich das Thema dann sehr bald durch einen ganz anderen Schock: Brandts persönlicher Referent Günter Guillaume (1927–1995), der ihm wie ein Schatten folgte und sogar Zugang zu geheimen Verschlusssachen hatte, wurde im April 1974 als Spion des Staatssicherheitsdienstes der DDR enttarnt. Und obwohl Schmidt sich nicht erinnerte, seinen Kanzler jemals „so angebrüllt" zu haben, ließ sich Brandt nicht umstimmen, übernahm die Verantwortung „für Fahrlässigkeiten" in seiner engsten Umgebung und trat als Regierungschef zurück.

Alles lief nun nach Wehners Wunsch auf Helmut Schmidt als Brandts Nachfolger im Kanzleramt zu. Doch ganz gegen seine Art dauerte es einen Moment, ehe der Hanseat zugriff. Einmal bekannte er, dass er sich zu alt fühlte, doch konnte das nach einem Adenauer, dem man mit fast 88 Jahren den Chefsessel förmlich hatte wegziehen müssen, wohl nur Koketterie sein. Dann wieder hatte er angeblich „Schiss

Einen Tag nach der Wahl zum Bundeskanzler gab Helmut Schmidt am 17. Mai 1974 im Bundestag seine Regierungserklärung ab und kündigte die Fortsetzung der sozialliberalen Reformpolitik an. Im Hintergrund Manfred Schüler, der Chef des Bundeskanzleramtes.

Helmut Schmidt am 16. Mai 1974: Empfang der Ernennungsurkunde zum Bundeskanzler aus den Händen von Bundespräsident Gustav Heinemann. Zwischen beiden der alte und neue Verteidigungsminister Georg Leber, hinter Heinemann der ausgeschiedene Verkehrsminister Lauritz Lauritzen.

vor dem Amt" – nach der glänzenden Bewährung in drei Ressorts und auf dem internationalen Parkett auch nicht eben plausibel. Vielleicht war es eher die Sorge, dass sich seine 16-Stunden-Tage nun noch verlängern und seine musischen Neigungen vollends verkümmern könnten. Der Moment währte freilich nicht lange, dann siegte das Pflichtargument. Am 16. Mai 1974 erhielt Schmidt die Ernennungsurkunde aus der Hand von Bundespräsident Gustav Heinemann, und am nächsten Tag schon gab er seine Regierungserklärung ab.

Keine kleine Rolle für sein kurzes Zögern mag auch die Tatsache gespielt haben, dass es viel Gestaltungsspielraum in der nächsten Zeit nicht geben würde. Im Gegenteil: Das Hauptaugenmerk musste er aufs Konsolidieren richten, denn die vorangegangenen Reform-Wohltaten hatten die öffentlichen Haushalte stark belastet, und sie kosteten weiterhin viel Geld. Und das bei deutlichen konjunkturellen Bremsspuren einerseits durch die Ölkrise und andererseits durch weltwirtschaftliche Verwerfungen, ausgelöst nicht zuletzt durch den nach Freigabe der Wechselkurse verfallenden Dollar aufgrund mangelnder ökonomischer Disziplin der westlichen Führungsmacht USA. Schmidt wurde zum ständigen Mahner. Beliebt machte ihn das nicht überall, doch Respekt versagte ihm niemand, ja er erwarb sich den Ruf eines „Weltökonomen".

Nicht zuletzt auf seine Initiative hin kam es 1975 zu einem ersten noch informellen Treffen („Kamingespräch") der Staatslenker der sechs führenden Industrienationen (Bundesrepublik Deutschland, Frankreich, Großbritannien, USA, Italien, Japan) in Rambouillet bei Paris, eine 1976 auf sieben (plus Kanada) ausgeweitete, im Jahresrhythmus tagende Gesprächsrunde (G 7). 1978 war Schmidt selbst ihr Gastgeber in Bonn. Da lag seine erste Bewährung an den Wahlurnen bereits anderthalb Jahre zurück: Natürlich hatte er 1976 nicht das Traumergebnis von 1972 zu halten vermocht, doch es reichte zur Fortsetzung der Koalition mit der FDP unter seinem Außenminister Hans-Dietrich Genscher (* 1927). Der gegen Schmidt angetretene Unions-Kandidat Helmut Kohl (* 1930) musste seine Ambitionen trotz hoher Zustimmung (48,6 Prozent) vorerst zurückstellen. Sein Versuch, ausgerechnet Schmidt nach ganz Linksaußen zu rücken („Freiheit oder Sozialismus"), war knapp gescheitert.

Helmut-Gipfel: Gern reihen sich Politiker bei sportlichen Triumphen unter die Jubler ein. Helmut Schmidt (ganz links unten) war da keine Ausnahme und freute sich mit Bundestrainer Helmut Schön (Mitte mit Pokal) über den Gewinn der Fußballweltmeisterschaft am 7. Juli 1974. Die deutsche Elf hatte die niederländische Auswahl mit 2:1 bezwungen. Weitere Prominenz auf dem Bild: Der Ehrenspielführer der deutschen Nationalmannschaft Fritz Walter (dritte Reihe direkt über Schmidt) und Brasiliens Ballzauberer Pelé (ganz rechts), der dreimal einer Weltmeistermannschaft angehörte.

Realismus und Nüchternheit

Bereits mit den ersten Zeilen seiner Regierungserklärung vom 17. Mai 1974 machte Helmut Schmidt klar, dass kein Kurswechsel bevorstand. Deutlich wurde aber auch, dass die Zeit hehrer Visionen vorüber war: „Die neue Regierung der Bundesrepublik Deutschland setzt das sozialliberale Bündnis fort, das seinen politischen Willen in der Regierungserklärung vom 18. Januar 1973 zum Ausdruck gebracht hat. Jene Erklärung gilt für die ganze Legislaturperiode. Heute ziehen wir eine Zwischenbilanz. Der Wechsel im Amt ändert nichts an der fortgeltenden Richtigkeit und Notwendigkeit sozialliberaler Politik in unserem Lande. Diese Leitlinie werden wir konsequent weiterhin verfolgen. In einer Zeit weltweit wachsender Probleme konzentrieren wir uns in Realismus und Nüchternheit auf das Wesentliche, auf das, was jetzt notwendig ist, und lassen anderes beiseite. Kontinuität und Konzentration – das sind die Leitworte dieser Bundesregierung."

Und das lag nicht zum wenigsten daran, dass der Kanzler mit dem, was die Konservativen unter „Sozialismus" verstanden, überhaupt nichts – in Schmidt-Diktion – „am Hut" hatte, genauer: an der Prinz-Heinrich- oder Elblotsen-Mütze. In der eigenen Partei empfanden gerade das nicht wenige als Mangel. Sie sehnten sich nach der Brandt'schen Aufbruchsstimmung zurück und taten sich schwer mit dem angeblichen „Macher" Schmidt, der sich als eine Art „Leitender Angestellter" des Unternehmens Bundesrepublik Deutschland verstand. Eine wohl nicht zufällige Parallele zu Preußenkönig Friedrich II., der nur „erster Diener des Staates" hatte sein wollen. Wer das nüchterne Amtsverständnis Schmidts freilich rein technokratisch deuten wollte, der griffe viel zu kurz. „Nach meinem Verständnis", schrieb er 1981, „ist Politik pragmatisches Handeln zu sittlichen Zwecken."

So erst wird deutlich, in welch furchtbares Dilemma ihn die im Eröffnungskapitel geschilderte Terrorsituation stürzte. Nach seinem und nach rechtsstaatlichem Maßstab kamen Auge-um-Auge-Maßnahmen keinesfalls in Betracht; selbst Verbrecher hatten ein Recht auf Schutz durch eben dieses Recht. Unter der Hand geäußerte Vorschläge, Druck auf die Entführer des Arbeitgeberpräsidenten Schleyer auszuüben, indem die Regierung sich ihrerseits an den inhaftierten Terroristen vergreifen sollte, wies Schmidt kategorisch zurück. Ob Schleyer so zu retten gewesen wäre, darf zudem füglich bezweifelt werden bei den brutal-bedenkenlosen Desperados, mit denen man es zu tun hatte. In dieser Lage konnte es keinen Sieger geben oder doch nur in dem Sinn, dass Schmidt sich nicht beugte, weder so noch so. In den Augen der Öffentlichkeit aber, nicht nur der deutschen, war er durch Standhaftigkeit und Entschlossenheit zum Helden geworden, der einen Moment lang sogar die internen Kritiker zum Schweigen brachte.

Zu den Feldern, auf denen Schmidt ohne Abstriche Brandts Politik fortsetzte, gehörte das deutsch-deutsche, nachdem die Spannungen wegen der Guillaume-Affäre erst einmal abgebaut waren. Hier genoss Schmidt auch die ungeteilte Unter-

Hier tagte 1975 die entscheidende Runde der KSZE: Im Finlandia-Haus von Helsinki (Bild: Eröffnungssitzung am 30. Juli) fanden Ost und West zu Kompromissformeln, ohne das Gesicht zu verlieren. Im Nachhinein allerdings war der Profit für die westliche Seite weitaus größer, denn die Vereinbarungen trugen entscheidend zur Erosion des Ostblocks bei.

KSZE

Als unregelmäßig tagendes Gesprächsforum wurde von 35 europäischen Staaten sowie Kanada und USA 1973 eine Konferenz für Sicherheit und Zusammenarbeit in Europa (KSZE) ins Leben gerufen. 1975 wurde in Helsinki die Schlussakte unterzeichnet. Das Dokument war in drei größere Kapitel gegliedert, „Körbe" hatte sie irgendein poetischer Diplomat (wohl der Schweizer Gesandte Samuel Campiche) getauft. Korb 1 versammelte sicherheitspolitische Abmachungen, Korb 2 enthielt Absichtserklärungen über künftige wirtschaftliche, kulturelle und wissenschaftliche Zusammenarbeit, und Korb 3 war Details vorbehalten wie: Informationsaustausch, Bildungspartnerschaft, Rechtsfragen, Reisefreiheit, menschliche Kontakte. Der Osten sah seine Forderungen durch Korb 1 (Nichteinmischung, Grenzgarantien, Gewaltverzicht) hinreichend berücksichtigt, Korb 2 harrte noch der Auffüllung mit Konkretem, und der Westen hoffte, dass Korb 3 zur Überwindung des Trennenden beitragen und einen entsprechenden Sog entfalten werde.

stützung durch die eigene Partei und durch den Koalitionspartner. Und selbst die Opposition dämpfte ihre frühere Polemik über den angeblichen Ausverkauf deutscher Interessen. Die „Politik der kleinen Schritte“ und der „Wandel durch Annäherung“ hatten unübersehbar Verbesserungen für die Menschen gebracht durch Passierscheine in Berlin, Reiseerlaubnis für DDR-Rentner, kleinen Grenzverkehr, Kulturkontakte. Und diese Politik band die DDR in den KSZE-Prozess ein und stellte sie damit sozusagen unter internationale menschenrechtliche Beobachtung. Das änderte zunächst nicht viel am repressiven System, entfaltete aber Depotwirkung und hielt das Zusammengehörigkeitsgefühl wach, das 1989/90 nicht mehr zu überhörenden Ausdruck finden sollte in der Parole: „Wir sind ein Volk!“

Zum zweiten Mal stellte sich Schmidt 1980 den Wählern, dieses Mal in wenig komfortabler Lage: Die Entspannungspolitik, die vor allem für die beiden deutschen „Frontstaaten“ so wichtig war, litt durch die 1979 erfolgte sowjetische Invasion in Afghanistan. Die Weltwirtschaft hatte sich noch lange nicht vom Ölschock erholt, der Zahlungs-, Leistungs- und Handelsbilanzen verhagelt, Kaufkraft verschlungen und überall die Arbeitslosigkeit dramatisch in die Höhe getrieben hatte; wie zum Hohn war unter dem Wirtschaftsexperten Schmidt die Zahl der Menschen ohne Beschäftigung in der Bundesrepublik Deutschland auf über eine Million angestiegen. Obendrein war die Diskussion über die von Schmidt befürwortete Kernenergie voll entbrannt: Viele von denen, die sich 1972 den Anstecker mit der Forderung „Willy wählen“ ans Revers geheftet hatten, schmückten sich nun mit der lächelnden roten Sonne auf gelbem Grund und der Parole: „Atomkraft? Nein danke.“ Sie organisierten sich in der Partei der Grünen, deren Potenzial wohl noch klein war, an die aber in erster Linie die SPD Stimmen verlieren würde.

Obwohl Helmut Kohl (links) bei der Wahl 1976 fast die absolute Mehrheit für die CDU/CSU gegen Schmidts sozialliberale Koalition errungen hätte, musste er 1980 als Kanzlerkandidat Platz machen für den CSU-Chef und bayerischen Ministerpräsidenten Franz Josef Strauß. Beim Warten auf den Auftritt in einer Fernsehsendung signalisierte schon die stumme Distanz zwischen beiden, wie belastet ihr Verhältnis war.

Wenn Schmidt und die gesamte sozialliberale Koalition dennoch sehr gelassen dem Wahltag entgegensahen, dann wegen des Kandidaten der Union: Franz Josef Strauß hatte sich dieses Mal gegen Helmut Kohl durchgesetzt und einen entsprechend polarisierenden Wahlkampf entfesselt. Damit mochte er in seinem Stammland Bayern und in einigen anderen ländlichen süddeutschen Regionen punkten, im Norden und in den Ballungsräumen tat er sich schwer. Die CDU/CSU sackte denn auch um mehr als vier Prozent ab und die SPD gewann nur ganz leicht (mehr war wohl auch wegen der fehlenden 1,5 Prozent, die auf die neuen Grünen entfielen, nicht drin). Am meisten von der Konfrontation der Großen profitierte die FDP, die fast 3 Prozent und 14 Mandate hinzugewann. Wie auch immer: Die Koalition konnte weiterarbeiten. FDP-Chef Genscher auf die Frage, ob das für die volle Legislaturperiode gelte, reagierte mit virtuoser Mehrdeutigkeit: „Man macht's ja nicht für drei Monate.“

Ob Schmidt da mehr heraushörte als eine Treuebekundung? Durchaus möglich, hatte er dem liberalen Frieden doch nie so recht getraut und wusste er doch sehr gut, dass vor allem Strauß die FDP bei der sozialliberalen Stange hielt. Zöge sich der Bayer schmollend zurück, würden die Karten wohl neu gemischt. Allerdings auch nicht sofort, denn ein Schwenk musste gut begründet sein, sollte er nicht zur Zerreißprobe für die sich gerade stabilisierende Partei werden. In den schweren Zeiten mussten die Schmidtmüden indes nicht lange nach Gründen für eine Abkehr suchen. Und schließlich kam es dann sogar so, dass nicht so sehr die Wankelmütigkeit der FDP das Ende der sozialliberalen Ära einläutete als vielmehr innerparteilicher Schwund an Vertrauen zu Schmidt, der Krisen scheinbar nur managte, aber sich weigerte, lockende Perspektiven an die Wand zu malen. „Wer Visionen hat, sollte zum Arzt gehen", beschied er entsprechende Forderungen barsch und wurde damit seinem Ruf als „Abkanzler" bei denen gerecht, die Politik und Poesie nicht hinlänglich zu trennen vermochten.

Zwei Gründe beförderten vordergründig besagtes Ende: Da war zum einen die Krise der Wirtschaft (1981: Nullwachstum und 1982: leichte Rezession), mit relativ hoher Inflation (1981: 6,3 und 1982: 5,2 Prozent) bei wachsender Arbeitslosigkeit (1981: knapp 1,3 und 1982: über 1,8 Millionen). Höhnisch wurde Schmidt sein Diktum vorgehalten, nach dem Deutschland eher fünf Prozent Inflation als fünf Prozent Arbeitslosigkeit vertragen könne – jetzt lagen beide Werte darüber. An diesen alarmierenden Zahlen entzündete sich die Kritik der FDP, ohne dass diese einen Ausweg hätte weisen können. Und da war zum anderen als Knackpunkt für die SPD-internen Kritiker der 1979 gefasste Doppelbeschluss der NATO zur so genannten Nachrüstung. Schmidt galt als „Vater" dieses angeblichen Drehens an der Rüstungsschraube, auch wenn er nicht müde wurde zu erklären, dass es sich um einen Schritt zur Abrüstung handele. Kurz gesagt ging es darum:

Den NATO-Doppelbeschluss zur Nachrüstung des Westens (kleines Bild: Pershing-II-Atomrakete) sahen viele Menschen als Bedrohung an. Die Sowjetunion würde sich auf diese Weise nicht am Ausbau des nuklearen Waffenarsenals hindern lassen. Bis weit in Schmidts Partei hinein reichte der Sog der Friedensbewegung, die am 10. Oktober 1981 im Bonner Hofgarten rund 300 000 Demonstranten gegen diese Politik mobilisierte, allen voran Prominente wie (von links) Loretta King, Witwe des 1968 ermordeten Friedensnobelpreisträgers Martin Luther King, Schriftsteller Heinrich Böll, SPD-Vordenker Erhard Eppler, Theologin Uta Ranke-Heinemann.

Die Sowjetunion hatte die Zahl ihrer nuklearen Mittelstreckenraketen vom Typ SS-20 in Europa drastisch erhöht. Schmidt empfahl, mit einer entsprechenden Aufstockung der US-Raketen vom Typ Pershing II zu drohen, auf die nur verzichtet würde, wenn Moskau bis 1983 Bereitschaft zeige, sein Arsenal wieder zu verkleinern. Es kam, wenn auch mit Verspätung, so, wie von Schmidt geplant (Null-Lösung 1987), doch das war damals nicht absehbar. Die Parteilinke echauffierte sich über das „atomare Teufelszeug", die Friedensbewegung schwoll dramatisch an, und Friedensnobelpreisträger Brandt distanzierte sich offen von Schmidts Konzept. Bisher hatte er als weiter amtierender Parteichef dem Kanzler immer den Rücken frei und die SPD wie Wehner deren Fraktion auf Regierungskurs gehalten. Ohne den Rückhalt der Partei aber wackelte auch die Fraktion.

Es wurde einsam um den Kanzler, und dass die FDP nun offen mit der Union flirtete, brachte das Fass nur noch zum Überlaufen. Schmidt entließ deren Minister, und am 1. Oktober 1982 wählte der Bundestag Helmut Kohl mit Unions- und FDP-Mehrheit zum neuen Regierungschef. Kleine Absonderlichkeit am Rande: Der Nachfolger Schmidts trug nicht nur denselben Vornamen wie dieser, auch die Ehefrauen hießen gleichlautend: Hannelore. Das war aber schon alles an Ähnlichkeiten. Schmidt-Bewunderer fragten sich bang, was nun werden würde. Die britische Zeitung „The Guardian" brachte die Sorgen auf die Formel: „Ein großer Mann geht – ein langer kommt."

Fast ein Jahrzehnt hatte Helmut Kohl, seit 1973 Bundesvorsitzender der CDU, auf seine Stunde gewartet. Am 1. Oktober 1982 schlug sie: Mit der Mehrheit der FDP- und Unionsabgeordneten löste er Helmut Schmidt durch ein konstruktives Misstrauensvotum als Regierungschef ab. Dessen Wahlsieg 1980 hatte nur eine halbe Legislaturperiode lang gehalten. Dann war die Koalition mit den Liberalen an Wirtschaftsfragen und an SPD-internen Querelen zerbrochen. Schmidt schaute beim Glückwunsch skeptisch-prüfend zum Nachfolger auf.

Möglichst baldige Fühlungnahme zur westlichen Führungsmacht USA steht für jeden neuen deutschen Regierungschef ganz oben auf der Prioritätenliste. Bundeskanzler Schmidt nutzte eine NATO-Konferenz am 26. Juni 1974 in Brüssel zu einem ausführlichen Gedankenaustausch mit dem amerikanischen Präsidenten Richard Nixon, der allerdings schon sechs Wochen später wegen der Watergate-Affäre zurücktreten musste.

Wesentlich länger als auf Nixon konnte sich Schmidt auf dessen seit 1973 amtierenden Außenminister Henry Kissinger stützen und sogar auf Deutsch mit ihm scherzen (Foto: 1974 in München). Der Minister stammte aus Fürth, hatte die Heimat aber mit 15 Jahren 1938 wegen seiner jüdischen Herkunft verlassen und in den USA Karriere gemacht. Er blieb auch unter Nixons Nachfolger Gerald Ford bis 1977 Chef des Außenministeriums (State Department).

Profi- und Amateur-Sportler: Zweimal Gold (Abfahrt und Slalom) sowie einmal Silber (Riesenslalom) holte Rosi Mittermaier (links) für Deutschland bei den Olympischen Winterspielen in Innsbruck 1976. Weniger Medaillenverdächtiges, aber Harmonisches führten Helmut Schmidt und seine Frau Loki auf dem Berliner Parkett vor beim Presseball am 16. Januar 1977. Schmidt war nun nach der Bundestagswahl vom 3. Oktober 1976 sozusagen Kanzler aus eigenem Recht: 1974 hatte er Willy Brandt nur beerbt, jetzt hatten ihn Wahlen im Amt bestätigt.

Die RAF hatte es geschafft, dass allgemeine Verunsicherung um sich griff und prominente Personen aus Wirtschaft und Politik nirgends ohne bewaffneten Schutz auftreten konnten: Bundeskanzler Helmut Schmidt beim Besuch der Bundesanstalt für Arbeit in Nürnberg 1977.

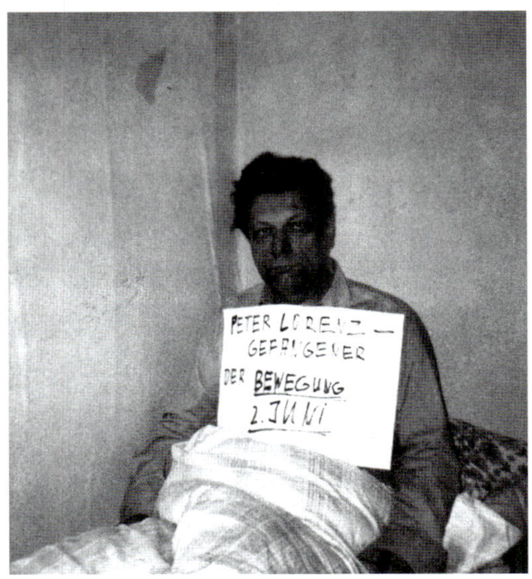

„Bewegung 2. Juni" nannten sich 1975 die Entführer von Peter Lorenz, dem Landesvorsitzenden der Berliner CDU. Sie erinnerten damit an den am 2. Juni 1967 durch eine Polizeikugel umgekommenen Studenten Benno Ohnesorg. Und mit diesem Bezug unterstrichen sie ihre Entschlossenheit, ihre Geisel zu töten, wenn der Staat nicht in den Austausch gegen inhaftierte Terroristen einwilligte. Bundeskanzler Schmidt gab schließlich nach, auch weil es sich beim Entführten um einen Politiker der Oppositionspartei handelte. Die Freigepressten wurden ausgeflogen, kehrten aber später zurück und wirkten an neuen Verbrechen mit.

LEITENDER ANGESTELLTER

„Oh, wann kommst du?“ – erfolgreichster Schlager der israelischen Sängerin Daliah Lavi. Und 1975 kam sie tatsächlich, und zwar auf das Hummelfest in die Hamburger Landesvertretung in Bonn zusammen mit dem französischen Chansonnier Gerald Lenorman (Mitte). Dort trafen sie Bundeskanzler Schmidt, der sichtlich Gefallen fand an der hochgewachsenen Schönheit.

Lebenslang interessierte sich Schmidt für das Riesenreich China mit seinen jahrtausendealten Traditionen. Eine Dienstreise nutzte er 1975 zu einem Ausflug mit Ehefrau Loki an und auf die Chinesische Mauer, die er für sein Album festhielt, dieweil er selbst als Staatsgast von Fotoreportern porträtiert wurde (oben). Am 1. Oktober empfing ihn dann der 82-jährige „Große Vorsitzende" Mao (rechtes Bild). Im Rückblick bezeichnete Schmidt den obersten chinesischen Kommunisten zwar als „brutalen Herrscher", doch betonte er zugleich, dass es eben auch Mao war, „der Chinas Souveränität wiederhergestellt und den Frauen die Gleichberechtigung gebracht hat".

Die bisher schwerste Wirtschaftskrise seit dem Krieg verlangte im Jahr 1975 energisches politisches Handeln. Klar war, dass nicht jeder für sich agieren konnte, sondern dass die Maßnahmen koordiniert werden mussten. Bundeskanzler Schmidt und sein Freund Frankreichs Staatspräsident Giscard d'Estaing luden zum Treffen der Führer der sechs ökonomisch stärksten Länder ins Schloss Rambouillet bei Paris. Am 15. November tagten hier von links: Aldo Moro (Italien), Harold Wilson (Großbritannien), Gerald Ford (USA), Giscard, Schmidt und Takeo Miki (Japan).

Aufgewertet konnte sich DDR-Staats- und Parteichef Erich Honecker bei der Unterzeichnung der KSZE-Schlussakte von Helsinki am 1. August 1975 fühlen. Er saß zwischen dem westdeutschen Kanzler und dem US-Präsidenten Ford. Dass die Einrahmung auch etwas von einem In-die-Zange-Nehmen hatte, ahnte damals noch niemand. Korb 3 der Vereinbarung aber sollte den Staaten des Warschauer Pakts, insonderheit der DDR, noch schwer zu schaffen machen.

Über dreißig Jahre lang (1940–1972) war Loki Schmidt als Lehrerin in Hamburg tätig, ehe sie ihrem Mann nach Bonn folgte. Mit der Wahl zum Regierungschef wechselte das Paar in den von Ludwig Erhard 1964 beim Architekten Sep Ruf in Auftrag gegebenen Kanzlerbungalow, wo Loki als Hausherrin vielfältige Repräsentationspflichten übernahm. Bild: Mit der unvermeidlichen Zigarette bei der Verfolgung einer Bundestags-Rede ihres Mannes im Fernsehen. Sie selbst hatte sich im Selbststudium zur Botanikerin weitergebildet und machte sich als Pflanzenschützerin einen Namen.

Eine Aufnahme aus dem Mai 1976. Da war aus der guten Zusammenarbeit zwischen dem deutschen Kanzler und dem amerikanischen Außenminister längst Freundschaft geworden. Sie hielt lebenslang. Und noch 2007, als Schmidt erster Träger des neu geschaffenen Henry-Kissinger-Preises der American Academy in Berlin wurde, sagte der Namensgeber des Preises: „Keinem anderen Staatsmann habe ich mehr vertraut und wenigen habe ich so getraut wie Helmut."

Bemerkenswert viele Freundschaften mit berühmten Musikern schlossen die beiden Schmidts: Oben Leonard Bernstein, der Komponist der „Westside Story", am 15. Juni 1976 bei einem Teeempfang im Kanzlerbungalow. Gewiss, der Hausherr war nur ein Amateur, doch bewies er so sicheren Geschmack und wusste auch selbst als Laienmusikant (vor allem am Klavier) zu überzeugen, dass sich die Profis bei ihm gut aufgehoben fühlten. Natürlich nutzte Schmidt sein musisches Image auch gern zur Förderung seiner Popularität. Links beim Dirigieren einer Trachtenkapelle am 20. September 1976 im bayerischen Hof.

Die Wahl 1976 stand ganz im Zeichen der Spitzenkandidaten der beiden großen Parteien, während die kleine FDP auf ihre Minister-Mannschaft setzte (von oben links im Uhrzeigersinn: Hans-Dietrich Genscher/Auswärtiges, Hans Friderichs/Wirtschaft, Werner Maihofer/Inneres, Josef Ertl/Landwirtschaft). Aus dem ostpolitischen Rückenwind für die SPD war längst ein wirtschaftspolitischer Gegenwind geworden, sodass die Union rasant aufholen konnte. Nur Helmut Schmidts Ansehen als Ökonom war es zu danken, dass es wieder für die sozialliberale Koalition reichte.

Rechte Seite oben: Das waren noch „Elefantenrunden"! Vier Stunden debattierten am 30. September 1976 (von links) Kanzler Helmut Schmidt, sein Vize und Außenminister Hans-Dietrich Genscher (FDP), CDU-Kanzlerkandidat Helmut Kohl und der CSU-Vorsitzende Franz Josef Strauß ihre politischen Konzepte. In drei Tagen war Wahl, und entsprechend hart ging es zur Sache. Schmidts kühle Eloquenz prallte auf die Wortwucht von Strauß, Kohl'sche Erklärungen hatte es schwer gegen die weltpolitischen Einwände, die Genscher vortrug. Uhren für jeden stoppten die Redezeit und sorgten immerhin für quantitative Balance.

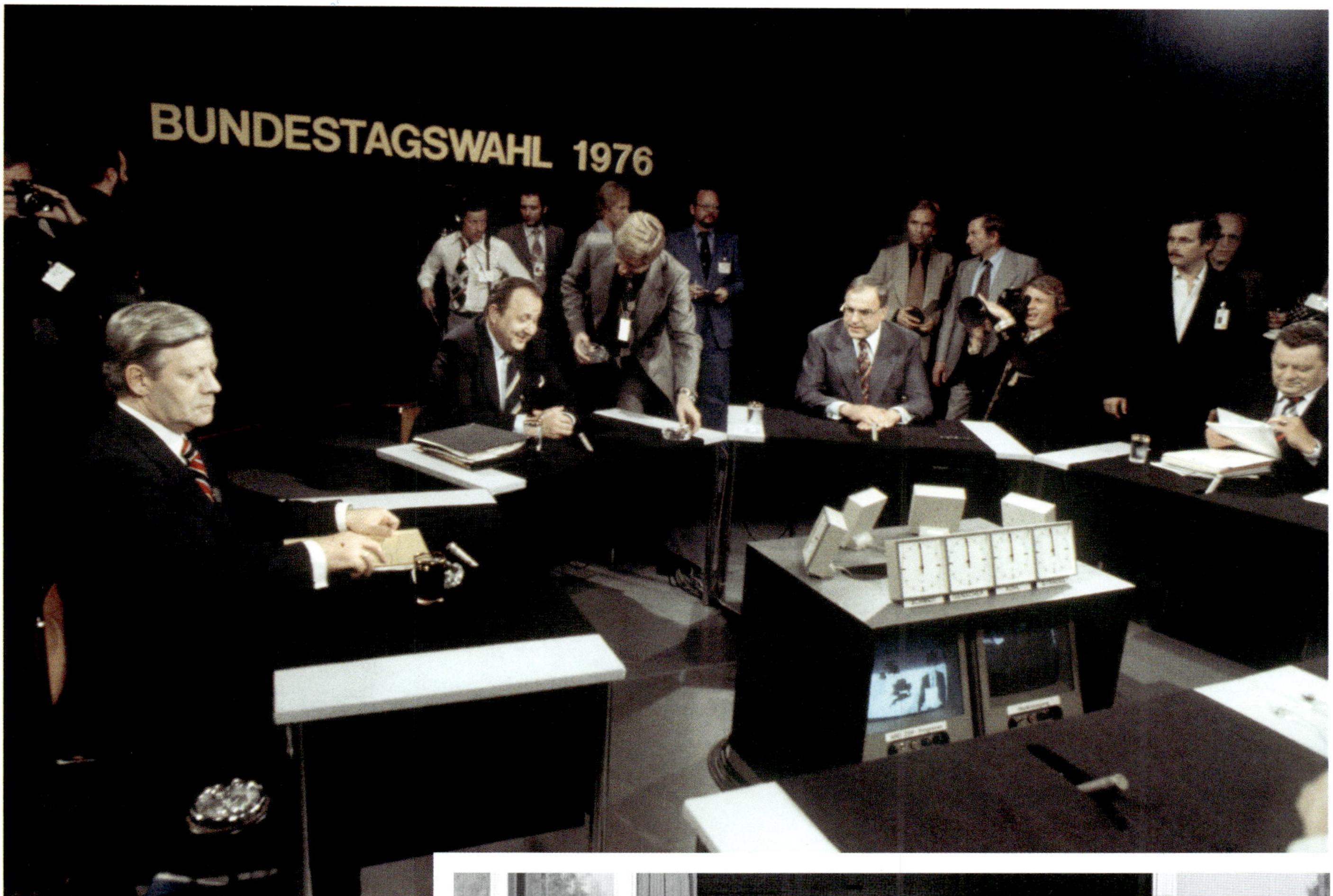

Das Rennen war gelaufen. Mit knappem Vorsprung war die Koalition aus FDP und SPD am 3. Oktober 1976 ins Ziel gekommen: 50,5 gegen 48,6 Prozent oder 253 gegen 243 Mandate; Wahlbeteiligung 90,7 Prozent. Die Initiative lag wieder bei Helmut Schmidt (zweiter von rechts), der die Verhandlungsführer ins Kanzleramt bat und sich mit ihnen auf der Terrasse zeigte (von links): Hans Friderichs (FDP), Willy Brandt, Hans Koschnick, Herbert Wehner (alle drei SPD), Hans-Dietrich Genscher und Wolfgang Mischnick (beide FDP).

LEITENDER ANGESTELLTER

Demonstrativ entspannt gaben sich Gäste und Gastgeber am 7. Mai 1978 im Privathaus des Kanzlers in Hamburg (von links): SPD-Chef Willy Brandt, Generalsekretär der KPdSU und Staatsoberhaupt der Sowjetunion Leonid Breschnew, Loki und Helmut Schmidt sowie der sowjetische Ministerpräsident Nikolai Tichonow, der sich als Einziger nicht recht an der allgemeinen Lächeloffensive beteiligen mochte.

Ein Arbeitsessen der einsamen Art. Die Amtsgeschäfte beanspruchten Kanzler Schmidt oft derart, dass er während des Aktenstudiums seine Suppe löffeln musste (Foto 1978). Schräg hinter ihm ein Porträt des Mitbegründers der deutschen Arbeiterbewegung August Bebel, der die SPD bis zu seinem Tod 1913 führte. Schmidt hingegen verzichtete darauf, auch den Parteivorsitz anzustreben, den er Willy Brandt überließ. Später geriet er zuweilen darüber ins Grübeln, ob das nicht ein Fehler gewesen war.

Loki und Helmut Schmidt am 16. September 1979 als Ehrengäste auf der Galopprennbahn in Hamburg-Horn. Obwohl dem Kanzler solche Vergnügungen nicht an der bescheidenen Wiege gesungen waren, ließ er sich doch gern bei so typischen hanseatischen Veranstaltungen sehen, verfolgte per Feldstecher mit Interesse die Rennen und nutzte die Situation zu zwanglosen Hintergrundgesprächen.

Mit deutlich mehr Anstrengung als ein Dutzend Jahre zuvor (siehe Seite 46) vollführte Schmidt nach einem Pressegespräch in der Hamburger Grundschule Mümmelmannsberg einen schwungvollen Abgang von der Bühne – sogar zweimal: Weil einige Fotografen das Kunststück verpasst hatten, sprang er nochmals. Ob der hier zum Direktkandidaten für den Wahlkreis Hamburg-Bergedorf gekürte Schmidt damit auch keimende Zweifel an seiner gesundheitlichen Stabilität zerstreuen wollte?

Das Ehepaar Schmidt am 31. Mai 1980 im Gespräch mit dem Musiker Udo Lindenberg, der 1973 das inzwischen berühmte Panikorchester ins Leben gerufen hatte. Die drei nutzten das Maitreffen der SPD Schleswig-Holsteins zu einer Cola-, Bier- und Zigarettenpause im Freilichttheater Kalkberg in Bad Segeberg.

Gut Lachen hatte Helmut Schmidt beim Jazz-Fest am 7. November 1980 in der Berliner Philharmonie: Einen Monat zuvor hatte er die Wahlen zum Bundestag gewonnen, und jetzt unterhielt er sich höchst angeregt mit der Amerikanerin Felicia Weathers, einer der besten Sopranistinnen der Welt. Musikkenner Schmidt wusste die Interpretationskunst der Diva hoch zu schätzen, die auf allen großen Opernbühnen zu Hause war.

Derart deutlich mit Siegerlächeln zeigte sich der Kanzler selten. Doch am 5. Oktober 1980 war ihm nach Triumph: Die oppositionelle Union hatte mit ihrem Kanzlerkandidaten Franz Josef Strauß Schiffbruch erlitten. Zwar hatte Schmidts SPD nur vier Mandate hinzugewinnen können, doch der Koalitionspartner FDP wuchs um vierzehn Sitze, sodass die Mehrheit deutlich komfortabler ausfiel als bisher. Dass der gestärkte kleinere Partner auch ein schwierigerer sein würde, hätte man ahnen können.

Mit 266 gegen 222 Stimmen wurde Helmut Schmidt am 5. November 1980 wieder zum Bundeskanzler gewählt und von Bundestagspräsident Richard Stücklen vereidigt. Dass fünf Abgeordnete der eigenen Seite Schmidt die Zustimmung verweigerten, spielte bei seiner deutlichen Mehrheit keine Rolle und war auch nichts Ungewöhnliches; bei nahezu allen Kanzlerwahlen gab es Abweichler.

Besuch des amerikanischen Präsidenten Ronald Reagan (Mitte) am 11. Juni 1982 in Berlin. Mit dem Regierenden Bürgermeister Richard von Weizsäcker (links) und Bundeskanzler Schmidt ließ er sich am alliierten Grenzübergang Checkpoint Charlie von den Berlinern zujubeln. Für jeden deutschen Regierungschef war es eine Genugtuung, wenn der Präsident der wichtigsten Schutzmacht in der geteilten Stadt Präsenz zeigte.

Versteinerte Mienen auf der Regierungsbank. Am 1. Oktober 1982 wartete Bundeskanzler Schmidt auf das Ergebnis des von CDU/ CSU und FDP angestrengten konstruktiven Misstrauensvotums gegen ihn, bei dem ihm das Vertrauen entzogen und Helmut Kohl zum neuen Kanzler gewählt werden sollte. Neben Schmidt Egon Franke, Minister für Innerdeutsche Beziehungen, und Finanzminister Manfred Lahnstein.

SPD-Chef Willy Brandt (rechts), nicht weniger versteinert als sein Kanzler, bei der Gratulation für den neuen Regierungschef Helmut Kohl.

Ende einer Ära: Helmut Schmidt mit einem Sicherheitsbeamten, der ihm den Abschiedsstrauß trug, am 1. Oktober 1982 auf dem Weg zum Kanzlerbungalow. Eine ungute Ahnung, dass hier mehr endete als die Amtszeit eines Regierungschefs, erfasste viele.

Das mit der Größe des „kleinen Schmidt", so sprach er zuweilen selbstironisch von sich, ging den Menschen erst richtig auf, je länger der „lange" und immer kolossalere Helmut regierte. Die „Wende" und die Wiedervereinigung brachten da kurzfristig eine Delle, doch als Kohls „Landschaften" im Osten sich dann doch nicht so recht zu „blühen" anschickten, entsann man sich wieder der Schelte Schmidts an dem in seinen Augen dilettantischen Umgang mit den schon 1989/90 absehbaren Problemen in den neuen Ländern. Seitdem wuchs sein Nimbus parallel zu einem sich rasch verbreitenden Politikfrust ständig an. Schmidt wurde zum Inbegriff der Kompetenz, des gesunden Menschenverstandes, galt als virtuoser Künstler des Möglichen, als einer, der Autorität ausstrahlte und verlässliche Orientierung bot; er genoss das Vertrauen, das den aktiven Politikern zusehends abhanden kam, wurde als Staatsmann von Weltformat wahrgenommen.

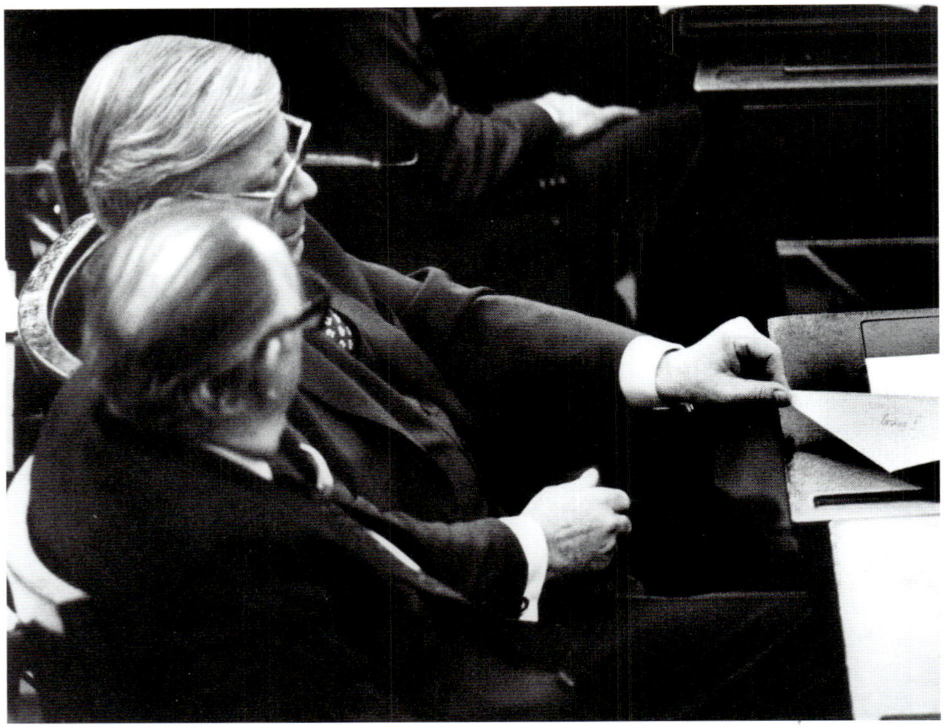

Noch vier Jahre saß Helmut Schmidt als einfacher SPD-Abgeordneter im Bundestag. Das Foto zeigt ihn im Plenum neben seinem Vertrauten Hans-Jürgen Wischnewski beim Basteln eines Papierflugzeugs mit der Aufschrift „Pershing II". Er hielt offenbar weiter an seinem Konzept „Abrüstung durch (westliche) Nachrüstung" fest.

Im Nachhinein erwies es sich als weise, dass er sich nach seinem Abgang aus den Niederungen der Politik zurückgezogen hatte. Er blieb zwar bis 1987 einfacher Abgeordneter, aber für ein Spitzenamt stand er nicht mehr zur Verfügung. Nach einigem Überlegen hatte er einer erneuten Kandidatur bei den Neuwahlen 1983 eine Absage erteilt. Freudig zugesagt aber hatte er Gerd Bucerius (1906–1995), dem Inhaber der Wochenzeitschrift „Die Zeit", als ihm dieser im gleichen Jahr die Mitherausgeberschaft seines Blattes antrug. Schmidt wechselte damit in eine Branche, deren journalistische Vertreter er früher in gekonnter Bissigkeit als „Wegelagerer und Indiskretins" bezeichnet hatte. Doch er wurde ja nicht Reporter, sondern politischer Kommentator und konnte sich weiter in der Kunst üben, die nach seiner Meinung beide, Politiker wie Journalisten, zu beherrschen hätten: nämlich schon „heute über Dinge zu reden, die sie erst morgen ganz verstehen". Das war natürlich ebenfalls bissig und selbstironisch gemeint, und auch diese Fähigkeit, Sachverhalte scharf zugespitzt auf den Punkt zu bringen, hatten Schmidt Respekt und Bewunderung gesichert.

Nicht nur der professionelle Schmidt beeindruckte, sondern auch der Kunstliebhaber und Künstler. Von seiner Liebe zur Architektur war bereits die Rede. Doch auch auf anderen Gebieten tat er sich um, malte selbst gern Landschaften und besuchte mit Vorliebe Museen, die bedeutende Werke der modernen Kunst zeigten. Nachdem er im Dritten Reich erlebt hatte, wie die Expressionisten als „entartet" verfemt worden waren, empfand er später immer den Wunsch, an ihnen etwas gutmachen und den Menschen ihre Werke nahebringen zu sollen. In seinem Arbeitszimmer hing lange ein Gemälde von Emil Nolde, der in der Hitlerzeit Malverbot hatte, und auch Ernst Barlachs ausdrucksstarken Figuren galt sein intensives Interesse. Er ließ den Kanzlerbungalow entsprechend schmücken. Ja, er veranstaltete darin regelrechte Wechselausstellungen und ließ es sich nicht nehmen, sie selbst mit kundigen Reden zu eröffnen.

Und dann die Musik, seit Schülerzeiten seine große Liebhaberei: Wie schaffte es ein Mann, der nahezu rund um die Uhr beruflich gefordert war, weiterhin Zeit für das Klavierspiel zu finden, ja es zu solcher Könnerschaft zu bringen, dass er mit den Profis Justus Frantz und Christoph Eschenbach Mozarts Konzert Nr. 7 F-Dur für drei Klaviere (KV 242) einspielen konnte? Ebenfalls auf Platte gibt es mit den dreien, ergänzt durch Gerhard Oppitz, die Konzerte für vier Klaviere a-Moll (BWV 1065) und für zwei Klaviere C-Dur (BWV 1061) von Johann Sebastian Bach, für Helmut Schmidt der größte aller Komponisten. Auch was die Musik angeht, muss man bis zu Friedrich dem Großen zurückgehen, will man einen vergleichbar begabten Staatsmann finden.

Mehr Zeit für Musik nahm sich Schmidt nach seinem Abschied vom politischen Tagesgeschäft: Am Rande eines Konzerts in der Festhalle von Frankfurt am Main sprach Schmidt mit dem Pianisten Justus Frantz (rechts), mit dem er auch einige Platten aufnahm.

Das Mozart-Konzert wurde 1982 aufgenommen, also im selben Jahr, als Schmidt vom Kanzler zum Altkanzler wurde. In diesen schweren Monaten fand er in der Musik, vor allem in der Bachs, immer wieder zu innerer Gelassenheit und, wie er es selbst nannte, zur „Erneuerung der Seele“. Und auch der angespannte Körper brauchte die Erholung, denn er reagierte auf den ungeheuren Stress mit deutlichen Warnsignalen: Herzrhythmusstörungen hatten 1981 die Einsetzung eines Herzschrittmachers erforderlich gemacht. Man hatte aber nie den Eindruck, dass Schmidt dadurch gehandicapt war, im Gegenteil: Der ruhigere innere Takt beflügelte ihn sichtlich, sodass er das Ende der politischen Karriere weniger als Sturz empfand, sondern vielmehr als Aufforderung zu einem kraftvollen Neuanfang.

Der gelang ihm nicht nur dank Bucerius als Publizist. Er hatte sich auch schon als aktiver Politiker mit weithin beachteten Büchern einen Namen gemacht, schrieb weitere und profilierte sich nun auch als Kolumnist und als Redner, der weltweit Säle füllte. Hinzu kam ausgebreitete Berater-Tätigkeit vor allem in wirtschaftlichen Fragen. Kurz: Ruhiger als zuvor ließ er es kaum angehen, auch wenn er sich jetzt öfter Zeit nahm für eine Partie Schach, worin er ebenfalls Beachtliches leistete und sich schon mal mit Groß-

Bücher von Helmut Schmidt

Verteidigung oder Vergeltung, 1961
Strategie des Gleichgewichts, 1969
Auf dem Fundament des Godesberger Programms, 1973
Als Christ in der politischen Entscheidung, 1976
Eine Strategie für den Westen, 1986
Menschen und Mächte, 1987
Die Deutschen und ihre Nachbarn, 1990
Kindheit und Jugend unter Hitler, 1992
Weggefährten, 1996
Auf der Suche nach einer öffentlichen Moral, 1998
Die Selbstbehauptung Europas, 2000
Die Mächte der Zukunft, 2004
Auf dem Weg zur deutschen Einheit, 2005
Außer Dienst, 2008
Einmischungen, 2010
Was ich noch sagen wollte, 2015

„Zeit"-Mitbegründer und -Herausgeber Gerd Bucerius (links) holte Schmidt als Mitherausgeber in seinen Verlag, der von der wachsenden Reputation des Altkanzlers profitierte und ihm ein viel beachtetes Forum für politische Analysen bot.

meistern wie Robert Hübner maß. Der brauchte immerhin vierzig Züge, ehe er Schmidt zur Aufgabe zwingen konnte. Gegen Frau Loki oder gegen Parteifreunde wie etwa Peer Steinbrück gab es da schon eher mal Erfolge auf den 64 Feldern.

Die Jahre aber forderten natürlich auch von einem Konditionswunder wie Schmidt Tribut. Er stützte sich seit seinen Achtzigern auf einen Stock oder ließ sich von jüngeren Leuten Treppen hinauf und hinab führen. Seine Hüften schmerzten, der Gang wurde schleppend und er verlor mehr und mehr an Hörfähigkeit, was er wegen seiner Musikliebe als besonders bitter empfand. Aber Klagen kamen ihm nicht über die Lippen. Seine Tochter Susanne sagte in einem „Stern"-Interview Ende 2008: „Jammern war bei uns nicht angesagt." Altersgebrechen gehörten eben zum Lauf eines so langen Lebens. Ebenso unsinnig hätte Schmidt es gefunden, bei einem Sturz, wie ihn Loki 2006 im Bad erlitt, die Schwerkraft zu beschimpfen. Als Gnade hingegen pries er, dass ihm seine geistige Spannkraft erhalten blieb, auch wenn er schon mal die eine oder andere Gedächtnislücke festzustellen glaubte.

Und manches hatten Loki und er, das wussten sie sehr gut, sich selbst zuzuschreiben aufgrund lebenslangen extensiven Rauchens. Das Paar war in gro-

Im Koblenzer Bundeswehrkrankenhaus hatte sich der Kanzler im Oktober 1981 einen Herzschrittmacher einsetzen, aber nicht lange von der Arbeit fernhalten lassen. Bald nach der OP saß er im Krankenbett schon wieder über Akten.

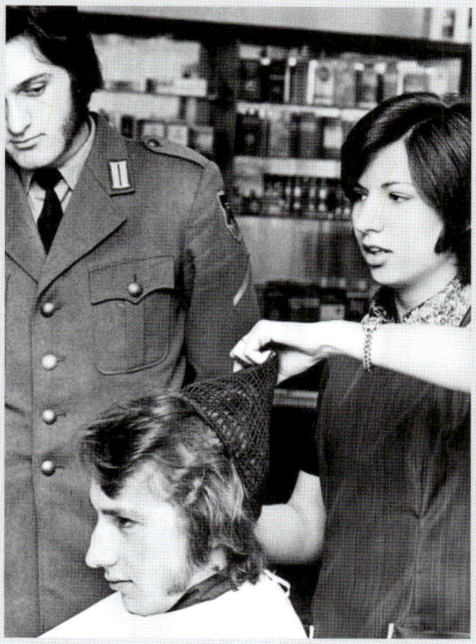

Auszeichnungen

Neben den erwähnten 30 Ehrendoktortiteln wurden Schmidt zahllose weitere Ehrungen zuteil; Orden im engeren Sinn aber lehnte er als Hanseat stets ab (auch das Bundesverdienstkreuz), nicht hingegen Ehrenbürgerschaften wie die seiner Heimatstadt (1983) oder die Berlins (1989) oder die Schleswig-Holsteins (1998). Auch den Karnevalsorden „wider den tierischen Ernst", verliehen wegen seines Haarnetz-Erlasses als Verteidigungsminister, ließ er sich 1972 augenzwinkernd gefallen. Hinzu kamen Buch-Preise, europäische Auszeichnungen, Martin-Buber-Plakette (2002), die Benennung der Hamburger Bundeswehr-Universität nach ihm (2003), Henry-Kissinger-Preis der American Academy in Berlin (2007) und Leipziger Mendelssohn-Preis (2009), Point-Alpha-Preis für Verdienste um die Einheit Deutschlands und Europas (2010), Westfälischer Friedenspreis, gemeinsam mit der Kinderhilfsorganisation Children for a better World (2012).

Viel Spott und einen Karnevalsorden erntete Schmidt 1972 als Verteidigungsminister mit seinem Haarnetz-Erlass, nach dem Ohren und Augen der Soldaten nicht überwachsen werden und die Haare nicht den Kragen berühren durften.

Irgendeine Disziplinlosigkeit braucht auch der Disziplinierteste. Im Ernst hätte Schmidt nie bestritten, dass Rauchen ein Laster und gesundheitsgefährdend ist. Augenzwinkernd aber blieb er beim blauen Dunst, der ihm den sonst überscharfen Blick manchmal wohltuend verschleierte.

ßen Gesellschaften schon von Weitem an der großen Qualmwolke auszumachen. Schmidt beschied besorgte Mahner gern mit der Behauptung, der Arzt habe ihm gesagt, die Zigaretten schadeten ihm nicht mehr, denn seine Gefäße seien hinreichend „auszementiert". Welcher Arzt solchen tröstlichen Unsinn verbreitet haben soll, sagte Schmidt nicht. Im Übrigen sei er, argumentierte er auch gern, kettenrauchend weit älter geworden als viele, ja fast als alle Gesundheitsapostel; so gefährlich könnten die Glimmstängel also kaum sein. Und noch 2008 antwortete er auf die Frage, ob er je daran gedacht habe, das Rauchen einzustellen, fröhlich-entrüstet: „Ich bin doch nicht verrückt geworden."

Rechte Seite oben: Die Köpfe der liberalen Wochenzeitschrift „Die Zeit" auf der Feier zu deren 40-jährigem Bestehen in den Räumen der Redaktion im Hamburger Pressehaus (von links): Chefredakteur Theo Sommer, Mitverlegerin Hilde von Lang, Mitbegründer Gerd Bucerius, Mitherausgeberin Marion Gräfin Dönhoff, Mitherausgeber und Mitverleger Helmut Schmidt.

Mit dem entwaffnend gemeinten, aber eher bewaffnet wirkenden berühmten Schmidt'schen Raubtierlächeln präsentierte sich der neue Mitherausgeber der „Zeit" am 9. Mai 1983 in seinem (noch) ungemein aufgeräumten Büro mit dem unvermeidlichen Aschenbecher auf dem Schreibtisch.

Hochkarätige Runde (von links): Der Pianist Justus Frantz, der schleswig-holsteinische Ministerpräsident Uwe Barschel, der französische Ex-Ministerpräsident Raymond Barre, Helmut Schmidt, der vormalige britische Premier Edward Heath und der portugiesische Minister Jerónimo Acevedo auf einem Podium beim Schleswig-Holstein Musikfestival am 30. Juni 1986 in Lübeck; ihr Diskussionsthema: „Das kulturelle Kontinuum Europas – Hoffnung für die Zukunft."

Von der Entwicklung im Ostblock seit Amtsantritt von KPdSU-Generalsekretär Michail Gorbatschow im März 1985 konnte sich Schmidt in seiner Nachrüstungsstrategie bestätigt fühlen. Sie hatte entscheidenden Anteil am Umdenken in Moskau und an den Abrüstungsvereinbarungen zwischen den Supermächten (INF-Vertrag 1987). Dennoch warnte Schmidt auf der Nordatlantischen Versammlung (NAV) am 18. November 1988 vor einseitigen Zugeständnissen des Westens, da er den Erfolg der Reformen Gorbatschows als noch längst nicht gesichert ansah.

Die Mauer war gefallen, die DDR reformierte sich in atemberaubendem Tempo, für den 18. März 1990 waren erste freie Wahlen angesetzt. Die Menschen wussten, was sie Willy Brandt und seiner Friedenspolitik verdankten. Und doch: Die SPD stand als linke Partei den bisher Herrschenden wohl näher als die CDU, die eher Garant dafür zu sein schien, dass die D-Mark nun schnell auch in den Osten Deutschlands kommen würde. Schilder, die den Wahlkämpfer Brandt vor sozialistischen Experimenten warnten, zeugten von den Zweifeln an den sozialdemokratischen Absichten.

Fünf Tage vor der ersten freien Wahl zur DDR-Volkskammer: Altkanzler Schmidt bei einem Wahlkampf-Auftritt am 13. März 1990 in Leipzig. Auch er konnte die Zurückhaltung der Menschen seiner Partei gegenüber spüren, in der viele Stimmen vor einer überstürzten Vereinigung der beiden deutschen Staaten warnten. Im Rückblick lagen die Zögerlichen nur zu richtig, doch die so lange eingemauerten Bürger des SED-Staates hatten es eilig. Irgendwie schienen viele noch immer dem Frieden der Wende, wie der Sturz der Diktatur seltsam unscharf genannt wurde, nicht recht zu trauen. Der deutliche Sieg des aus CDU, Deutscher Sozialer Union (DSU) und Demokratischem Aufbruch (DA) gebildeten Wahlbündnisses Allianz für Deutschland am 18. März 1990 erklärte sich nicht zuletzt daraus: 48,1 Prozent (CDU allein 40,8) für die Allianz und 21,9 Prozent für die SPD.

Je mehr Jahre, desto gefragter: Im Vorfeld seines 75. Geburtstags 1993 besuchten die ZDF-Moderatoren Klaus Bresser (rechts) und Klaus-Peter Siegloch den Ex-Kanzler und wollten wissen: „Was nun, Herr Schmidt?" Bei diesen Sendungen ging und geht es weniger um die Pläne des Interviewten als vielmehr um die Situation im Land und die Antworten auf die Herausforderungen der Zeit.

Politische Gegnerschaft, das war einmal. Im Alter zählte für Loki und Helmut Schmidt nur das Menschliche im Verhältnis zum einst mächtigen CDU-Mann Rainer Barzel (links). Am 24. Mai 1997 waren sie Gäste bei der (dritten) Hochzeit des 73-jährigen Freundes mit der fast ein Vierteljahrhundert jüngeren Schauspielerin und Regisseurin Ute Cremer. Gratulation nach der Trauung in der Münchener Theatinerkirche.

Wahlhanseatin mit Berufshamburgern: Auf der Feier ihres 85. Geburtstags am 30. Mai 1995 konnte die Schauspielerin Inge Meysel (links) auch das Ehepaar Schmidt begrüßen und sich mit ihm den Fotografen stellen. Die Freundschaft der drei war auch auf das entschiedene politische und soziale Engagement der Jubilarin zurückzuführen. Die Schmidts schätzten an ihr zudem die unverblümte Direktheit. So lehnte Meysel beispielsweise das Bundesverdienstkreuz ab und erklärte: Für Anstand verdiene man keine Orden. Basta.

Der Ministerpräsident geht, es lebe der Ministerpräsident: Johannes Rau (SPD, Mitte) trat 1998 als Regierungschef von Nordrhein-Westfalen zurück und machte Platz für Wolfgang Clement (SPD, links). In die Zeit des Wechsels fiel ein Besuch Helmut Schmidts am 12. Mai in der Düsseldorfer Staatskanzlei, wo er von den beiden Parteifreunden bewirtet wurde und dem künftigen Hausherrn politische Fingerzeige geben konnte.

Alfred Nobel hatte zwar einen seiner Preise der Literatur gewidmet, die anderen Künste aber nicht bedacht. Das veranlasste das japanische Kaiserhaus, 1988 den Preis „Praemium Imperiale" für Malerei, Skulptur, Architektur, Musik und Film/Theater zu stiften (heute mit je über 100 000 Euro dotiert). Anlässlich der Bekanntgabe der Preisträger für 1998 (u. a. Robert Rauschenberg/Malerei, Alvaro Siza/Architektur) hielt Helmut Schmidt (auf dem Podium in der Mitte und auf dem Monitor) die Rahmenrede im Münchener Prinzregententheater. Er gehörte zu den Ehrenberatern der Jury.

Elf Tage nach dem Tod seiner Kollegin und Mitherausgeberin der „Zeit" Marion Gräfin Dönhoff am 11. März 2002 hielt Helmut Schmidt eine bewegende Trauerrede im Hamburger Michel (Hauptkirche St. Michaelis). Er würdigte „Marions" Rolle im „Widerstand gegen den Verderber Hitler" ebenso wie ihre vorbildliche Pflichterfüllung und Bescheidenheit. Man könne stolz sein, dass man sich ihrer moralischen Führung anvertraut habe. Dem Redner war beim Abgang am Bild der Verstorbenen vorüber anzumerken, wie nah ihm dieser weitere Verlust in seinem Freundeskreis ging.

AUSSER DIENST

„Atelierbesuch" nannte der Maler Bernhard Heisig dieses Helmut-Schmidt-Porträt. Der zur Leipziger Schule zählende Künstler lebte 1986, als das Gemälde entstand, in der DDR und hatte Schmidt durch expressive Bildsprache beeindruckt. Der Ex-Regierungschef gab bei Heisig auch noch zu DDR-Zeiten das offizielle Kanzlerporträt in Auftrag, das in der Galerie im Berliner Kanzleramt hängt.

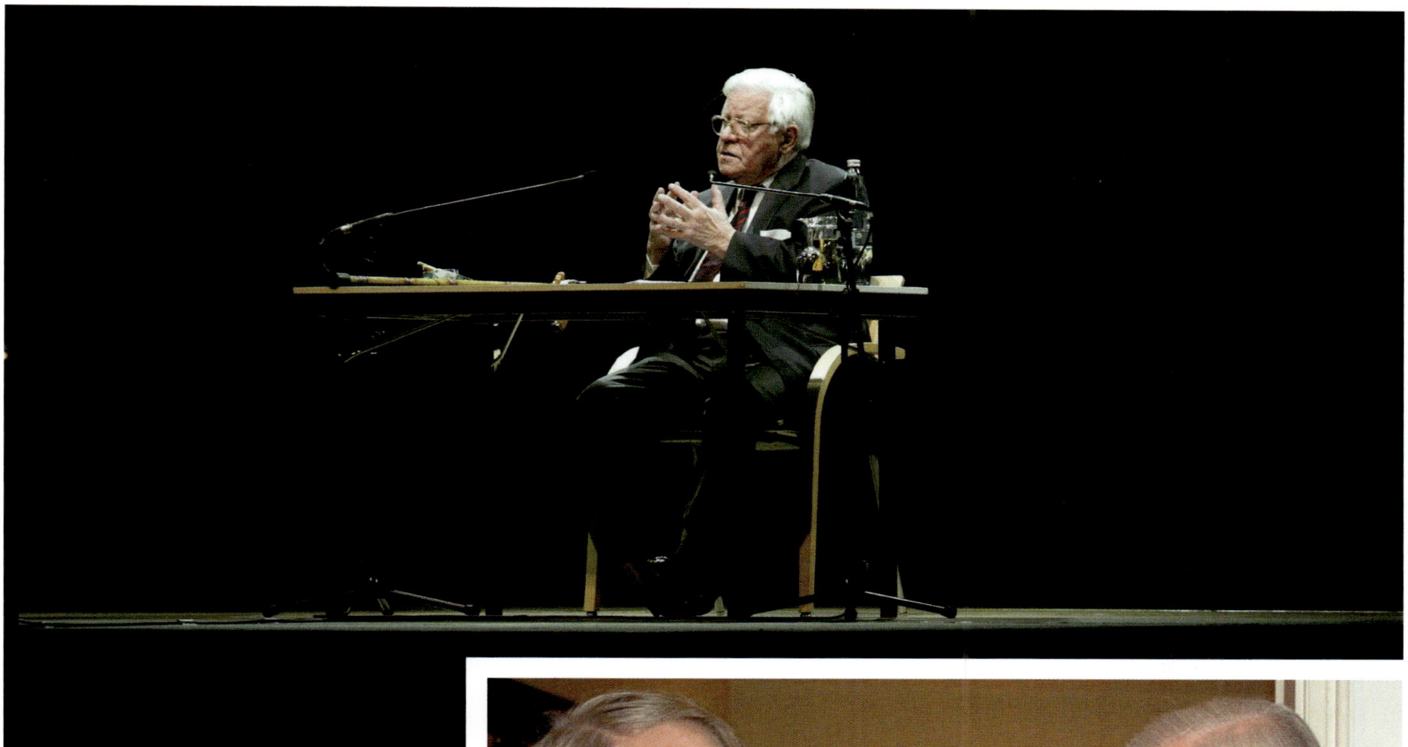

Zum 28. Mal fand 2004 das jährliche Kulturfestival „Duisburger Akzente" statt, Thema: „Endstation Amerika?". Helmut Schmidt, ein ausgewiesener Atlantiker, eröffnete die Veranstaltung am 24. April und analysierte nüchtern Stärken und Schwächen der Supermacht nach den Anschlägen vom 11. September 2001 und dem völkerrechtlich bedenklichen Angriff auf den Irak im März 2003. Vor Verteufelung der Bush-Regierung warnte er ebenso, wie er diese mahnte, Alleingänge zu meiden. Schon damals sah er aufgrund der rasanten Verschuldung der USA bedrohliche Krisenzeichen am ökonomischen Horizont.

Gespräch unter Ehrenbürgern: Anlässlich der Verleihung der Ehrenbürgerschaft des Landes Schleswig-Holstein an den aus Ostpreußen stammenden Hamburger Schriftsteller Siegfried Lenz (links) unterhielt sich dieser am 2. Dezember 2004 mit seinem Freund Helmut Schmidt, dem diese Ehre sechs Jahr zuvor zuteil geworden war. Im Hintergrund zwischen beiden Bundeskanzler Gerhard Schröder.

Nicht mehr gut zu Fuß und doch immer auf den Beinen: Das Ehepaar Schmidt Mitte 2003 in Samnaun (Graubünden) bei einem kurzen Spaziergang. Der Altkanzler war von den Schweizern eingeladen worden, die Festrede an ihrem Bundesfeiertag, dem 1. August, zu halten. Er erinnert an das halblegendäre Gründungsdatum der Eidgenossenschaft im Jahr 1291.

Auch das gab es: Nicht der Weltstaatsmann Schmidt stand im Mittelpunkt eines Pressetreffens, sondern seine Frau Loki: Sie stellte am 1. April 2003 ihr neues Buch „Die Blumen des Jahres“ vor, wie immer humorvoll und doch besorgt wegen des Artenschwunds. Nach dem Schlussapplaus gratulierte ihr Helmut mit zärtlicher Umarmung.

Ein Denkmal der ganz ungewöhnlichen Art wurde Helmut Schmidt am 16. Dezember 2003 kurz vor seinem 85. Geburtstag gesetzt: Im Beisein von Bundesverteidigungsminister Peter Struck (links) erhielt die Bundeswehruniversität Hamburg den Namen des Altkanzlers wegen seiner Verdienste während der Zeit als Minister und Regierungschef um die akademische Ausbildung des Offiziersnachwuchses.

Gruppenbild mit Jubilar (von links): SPD-Chef Franz Müntefering. Frankreichs Ex-Präsident Valéry Giscard d'Estaing, sein Freund Helmut Schmidt und Bundeskanzler Gerhard Schröder am 4. Mai 2004 auf der 8. Internationalen Wirtschaftstagung in Berlin. Sie stand im Zeichen des 85. Geburtstags von Schmidt und unter dem Thema: „Europa 2010 – Wachstumsmotor für die Weltwirtschaft?"

Unterschwellige Kritik am amerikanischen Kurs der Bush-Regierung klang durch beim Gespräch von Henry Kissinger (links) und Helmut Schmidt am 3. November 2005 in der Frankfurter Alten Oper über internationale Politik im Rahmen des „World Business Forums". Für die Eigenmächtigkeiten der USA beim sogenannten Krieg gegen den Terror brachten beide wenig Verständnis auf. Sie forderten, mit einem Wort des Schmidt-Lehrers Karl Schiller gesagt, konzertiertes Vorgehen der Verbündeten.

Auch bei dieser Gelegenheit saß der Ehemann – bildlich gesprochen – nur in der zweiten Reihe: Am 24. August 2006 wurde im Hamburger Botanischen Garten das „Loki Schmidt Haus" eröffnet, benannt nach der Dame, die hier neben dem Altkanzler auf einer Bank davor die Sonne genießt. Das in einem blauen Würfel untergebrachte, 500 Quadratmeter große Nutzpflanzenmuseum gehört zum Fachbereich Biologie der Universität Hamburg.

Die 1993 gegründete „Helmut und Loki Schmidt Stiftung" gibt eine Studienreihe heraus, deren zweiter Band am 16. Januar 2007 im Beisein des Altkanzlers vorgestellt wurde. Das Foto zeigt ihn mit Uwe Rohwedder (links), dem Autor des Buches „Helmut Schmidt und der SDS. Die Anfänge des Sozialistischen Deutschen Studentenbundes nach dem Zweiten Weltkrieg". Rechts der Sohn des Autors, von Schmidt scherzhaft geprüft.

Der Saal des Berliner Ensembles (Theater am Schiffbauerdamm) war bis zum letzten Platz gefüllt, als Helmut Schmidt am 17. September 2008 sein Buch „Außer Dienst" vorstellte, indem er sich von ZDF-Moderator Klaus Kleber (rechts) befragen ließ. Die Leute wurden nicht enttäuscht. Mit Witz und gestanzten Wahrheiten bewies der fast Neunzigjährige, dass er nichts an Pointensicherheit und Eloquenz eingebüßt hatte. Nur ein Beispiel: Die Deutschen hätten sich leider angewöhnt, Koalitionen und Kompromisse als „faul" zu begreifen. Das sei ein schwerer Irrtum. „Wer Koalition nicht kann, wer Kompromiss nicht kann, der taugt nicht für die Demokratie." Anhaltender Beifall.

Hochaktuelles Ehemaligen-Treffen (von links): Ex-SPD-Chef Hans-Jochen Vogel, Ex-Kanzler Helmut Schmidt und Ex-Kanzler Gerhard Schröder am 18. Oktober 2008 auf dem Sonderparteitag der SPD in Berlin. Sechs Wochen nach dem Rücktritt des Vorsitzenden Kurt Beck auf starken innerparteilichen Druck hin sollte Franz Müntefering zum zweiten Mal den Vorsitz übernehmen; er erhielt 84,86 Prozent der Delegiertenstimmen. Müntefering hatte die Partei schon 2004/05 geführt.

Unzählige Male hatte der Fotojournalist Joseph („Jupp") Heinrich Darchinger (rechts) auch Schmidt vor der Linse. Mit ihm besuchte er am 17. Dezember 2008 eine Foto-Ausstellung in der Berliner Friedrich-Ebert-Stiftung über Schmidts Leben. Als Fotokorrespondent in Bonn hatte Darchinger oft zum Tross gehört, wenn Schmidt als Kanzler auf Reisen gegangen war.

Auf der Nachfeier des 90. Geburtstags ihres Vaters am 22. Januar 2009 hielt die Tochter Susanne (Mitte) eine bewegende Rede in der Hamburger Bucerius Law School. In typisch Schmidt'scher Ironie überspielte sie ihre Rührung mit dem Ausruf: „Ihr seid die beiden besten Eltern, die ich habe!", und umärmelte sie. Natürlich waren die Schmidts auch vom Rauchverbot ausgenommen, das hier sonst gilt. Der Jubilar gab seiner Frau aufmerksam Feuer.

Nun waren sie zusammen 180 Jahre alt, und Bundespräsident Horst Köhler (zweiter von links) war es eine Ehre, das Ehepaar Schmidt am 11. März 2009, drei Tage nach Lokis 90. Geburtstag, zum Abendessen in seinen Amtssitz Schloss Bellevue in Berlin zu bitten. Rechts Gastgeberin Eva Luise Köhler.

Nach der Statistik haben Frauen eine viel höhere Lebenserwartung als Männer, doch im Falle der Eheleute Schmidt wollte es das Schicksal anders. Es war Loki, die als erste davonging, am 21. Oktober 2010. Als bei der Trauerfeier in der Hamburger Michaeliskirche der frühere Bürgermeister Henning Voscherau die Worte sprach: „Die Blätter fallen, fallen wie von weit, als welkten in den Himmeln ferne Gärten“, war es mit der Selbstbeherrschung, die Helmut Schmidt in so vielen Situationen bewiesen hatte, vorbei. Sein Kopf sank nach vorne, und die Tränen flossen.

Ein schlichter Stein für die Gattin, die fünf Jahre vor ihrem Mann starb. Loki Schmidt fand ihre letzte Ruhestätte in den weitläufigen Parkanlagen des Hamburger Hauptfriedhofs Ohlsdorf. Nach Helmut Schmidts Willen wird auch er hier begraben sein.

Der Sarg mit den sterblichen Überresten Loki Schmidts unter dem Altar von St. Michaelis. Traditionsgemäß wird der „Michel“, eine der fünf Hamburger Hauptkirchen, gewählt, wenn es Abschied von einer großen Persönlichkeit zu nehmen gilt.

Oft zuvor hatten Loki und er in ihrem Heim in Langenhorn darüber gesprochen, wie ein Leben ohne den anderen aussehen könnte. Nun musste Helmut den Part desjenigen übernehmen, der allein weiterzumachen hatte. Er tat es mit dem ihm eigenen Pflichtbewusstsein. An der stoischen Philosophie des Mark Aurel fand er Halt. In den „Selbstbetrachtungen" des römischen Kaisers, die Schmidt sein Lieblingsbuch nannte, ist sie formuliert: „Traurig ist es, wenn die Seele eher ermüdet als der Leib." Und: „Den wirklichen Wert eines Menschen misst man an der Arbeit, der er nachgeht."

Schmidt arbeitete. Wie zuvor ließ er sich zwei- oder dreimal die Woche ins Verlagsgebäude der „Zeit" chauffieren und stellte sich auch pünktlich zur 12-Uhr-Redaktionskonferenz am Freitag ein, wo er wie gewohnt die Arbeit der Kollegen lobte und kritisierte, immer hellwach, „ohne Schroffheit, aber auch ohne Altersmilde", wie sich der frühere Chefredakteur Theo Sommer erinnert. Er schrieb weiter seine Artikel für das Blatt, in den 32 Jahren seiner Herausgebertätigkeit für die „Zeit" waren es an die 300. Daneben ließ er sich als Redner auf politischen Veranstaltungen und Kongressen einladen und schrieb seine Bücher, mehr als 30 sollten es im Lauf seines Lebens werden. Viele verkauften sich glänzend. Die Honorare flossen, da Helmut Schmidt nie vorgehabt hatte, im Luxus zu leben, und mit seinen Gehältern stets ausgekommen war, zu großen Teilen an die von ihm mitgegründete Deutsche Nationalstiftung.

Er engagierte sich im Hamburger Bürgerschaftswahlkampf 2011 für den SPD-Kandidaten Olaf Scholz und im gleichen Jahr beim SPD-Parteitag in Berlin. Dabei schonte er die Genossen keineswegs. Wenn er die Selbstentmachtung der Politik gegenüber den Finanzmärkten geißelte, die es nicht schaffte, mit dem „Raubtierkapitalismus" und der „Großmannssucht der Banker" fertig zu werden, und die Regierenden Marionetten nannte, konnten sich die Parteifreunde durchaus mitgemeint fühlen.

Hamburgs Bürgermeister Olaf Scholz nahm gerne Ratschläge von Helmut Schmidt an. „Er vertrat stets die Auffassung, dass die alte Stadtrepublik Hamburg immer eine Stimme der Aufklärung, der Vernunft und des Fortschritts sein müsse", sagte er über seinen Mentor nach dessen Tod. „Wir wollen ihm ein ehrendes Andenken bewahren, indem wir seine politischen Grundüberzeugungen in die Zukunft fortschreiben."

Der Vizekanzler am Pult, der Altkanzler im Rollstuhl. Beim Parteitag der SPD in Berlin im Dezember 2011 nahm Helmut Schmidt kein Blatt vor den Mund. Sigmar Gabriel musste sich Kritik am Zurückweichen der Politik vor den Forderungen der Finanzindustrie anhören.

Helmut Schmidt und Angela Merkel während der 60-Jahr-Feier der Berliner Brücke im Juli 2012. Mit dem Altkanzler verband die gegenwärtige Kanzlerin ein Jugenderlebnis besonderer Art: Während ihre Familie in der DDR sich während der Flutkatastrophe von 1962 Sorgen um die in Hamburg zurückgebliebene Großmutter machte, hörte sie im Radio immer wieder den Namen Schmidt. Unauslöschlich prägte sich ihr ein, wer damals in der Hansestadt mit energischem Zupacken das Schlimmste verhütete.

Er wurde geehrt, nahm Preise entgegen, war zur Stelle, wenn eine Schule nach ihm benannt wurde, wie das Helmut-Schmidt-Gymnasium in Hamburg-Wilhelmsburg, oder wenn der Loki-Schmidt-Garten zum Gedenken an seine Frau eingeweiht wurde. Er unternahm im Frühjahr 2012 eine Reise nach China und besuchte im Jahr darauf seinen alten Freund Giscard d'Estaing in Paris.

Auch seine „Freitagsgesellschaften" führte er weiter. In Schmidts Haus trafen sich seit 1985 während des „Wintersemesters" (Oktober bis März) einmal im Monat ausgewählte Gäste zu einem Abendessen mit schlichter Hausmannskost und anschließender Diskussionsrunde über ein Thema, zu dem einer der Teilnehmer ein Referat vorbereitet hatte. Einige der an den Freitagabenden gehaltenen, manchmal hochkarätigen Vorträge sind in die von Schmidt herausgegebenen Bücher „Erkundungen" (1999) und „Vertiefungen" (2010) eingegangen.

Alte Vertraute beisammen. „Sie hat mein Leben gerettet", sagte Helmut Schmidt über Ruth Loah. Nach dem Tod seiner Ehefrau Loki trat die langjährige Mitarbeiterin, die immer schon zum engsten Kreis um Helmut Schmidt gehört hatte, als wichtigste Bezugsperson an seine Seite.

Erstaunlich an der „Alterskarriere" Helmut Schmidts: Mochte es auch nicht immer dem „Mainstream" entsprechen, was er auf Rednerpodien oder bei Talkshows von sich gab, mochten Historiker die Leistungen Schmidts als Kanzler bekritteln – seinem Nimbus tat das keinen Abbruch, im Gegenteil, in seinen letzten Lebensjahren stieg Helmut Schmidts Ansehen in der Öffentlichkeit immer weiter. Vergessen waren die großen Schlachten um Atomkraft und Raketenstationierung, vergessen sein Unverständnis gegenüber Friedens- und Umweltbewegung, vergessen auch die Zwiste, die Schmidt mit seiner Partei einst gehabt hatte. Man nahm es ohne Erregung auf, als er öffentlich eingestand, Ende der sechziger, Anfang der siebziger Jahre seine Frau mit einer anderen betrogen und beinahe seine Ehe ruiniert zu haben, und freute sich für den alten Herrn, als bekannt wurde, dass er eine neue Lebensgefährtin gefunden habe, Ruth Loah. Neu war sie allerdings nur für die Öffentlichkeit, die Freundschaft hatte schon länger bestanden. Fortan ließ sich Ruth Loah regelmäßig von Schmidts Chauffeur in ihrer Seniorenresidenz an der Elbe abholen, um im Hause ihres Freundes nach dem Rechten zu sehen.

Helmut Schmidt wurde zum Idol der Jugend, zu einer Kultfigur geradezu. In Umfragen erhielt er höhere Werte als Einstein, Mahatma Gandhi oder Jesus Christus. Der alte Schmidt galt als „cool". Da saß einer im Rollstuhl und war offenbar nicht totzukriegen, paffte immer noch seine Mentholzigaretten, ließ sich nichts verbieten und hatte auf alle Fragen eine Antwort. Sich zu verbiegen und drumherum zu reden, wie man es sonst von Politikern gewohnt war, hatte er nicht mehr nötig; ehrlich und geradlinig, gern auch pointiert und sarkastisch gab er Auskunft. So einer imponierte einfach. Ein Jahrhundertmann, wie es vor ihm Willy Brandt, Herbert Wehner, Richard von Weizsäcker und Egon Bahr gewesen waren. In ihm verkörperte sich die gesamte Geschichte der Bonner Republik von ihren Anfängen, als alles in Trümmern lag, bis heute, bis hinein in die Zeiten von Globalisierung, Finanzkrisen und Umweltproblemen. Die Rolle des „Elder Statesman", des Politikers, der, längst nicht mehr im Amt, den Jüngeren immer noch gute Ratschläge geben kann, spielte Schmidt virtuos.

Zu Ehren von Loki Schmidt wurde im August 2012 die Schule in Hamburg-Othmarschen, an der sie nach dem Krieg 13 Jahre lang unterrichtet hatte, in Loki-Schmidt-Schule umbenannt. Helmut Schmidt, im Rollstuhl dabeisitzend, erlaubte sich, die Sache nicht ganz so ernst zu nehmen, und unterhielt die Kinder mit komischen Grimassen.

DIE LETZTEN JAHRE

Helmut Schmidt mit der Moderatorin Sandra Maischberger. Auf Talkshows war der Altkanzler beliebter Gast, immer für eine Überraschung, ein Bonmot, eine boshafte Randbemerkung gut, und wenn es nur darum ging, wie er es diesmal schaffen würde, das doch für jeden geltende Rauchverbot zu umgehen.

Mit Behagen wurden Anekdoten über ihn erzählt, etwa wie er es immer wieder schaffte, sich Zigaretten anzuzünden auch an Orten, wo seit Jahrzehnten Rauchverbot herrschte, und wurden Sprüche zitiert, die er in Interviews, belustigt oder genervt von so manchen albernen Fragen, hanseatisch-trocken hingeknurrt hatte. Schmidt zur Frage, ob er Gerhard Schröder in der Politik vermisse: „Vermissen? Nicht unbedingt. Der vermisst sich ja selbst nicht.“ Das schlichte, leicht ungeduldige „Ja“, mit dem er eine pompöse Vorstellung durch die Moderatorin Sandra Maischberger beantwortete. Und bereits in den Rang einer Redensart hat es der Satz gebracht: „Wer Visionen hat, soll zum Arzt gehen.“ Nach Schmidts Aussage eigentlich nur als „pampige Antwort auf eine dusslige Frage“ hingeworfen, ist doch in diesem schnoddrigen Spruch der ganze Schmidt ausgedrückt: Bleib in der Wirklichkeit, geh alles pragmatisch an, begnüge dich mit dem, was möglich ist.

„Ihr habt ja bestimmt schon eure Nachrufe auf mich verfasst“, konnte er mit Journalisten scherzen, wenn er von einem Klinikaufenthalt zurückkehrte. Auch als er im September 2015 wegen einer drohenden Thrombose ins Krankenhaus St. Georg eingeliefert wurde, schien es, als würde er auch diesmal wiederhergestellt werden können. Zwar glückte die Operation, und Schmidt konnte nach zwei Wochen das Krankenhaus verlassen, doch blieb sein Zustand geschwächt. Am 10. November starb er 96-jährig in seinem Haus in Langenhorn. Bei ihm waren seine Tochter Susanne Schmidt-Kennedy, Ruth Loah, das polnische Ehepaar, das ihn gepflegt hatte, und sein Arzt Prof. Heiner Greten, der hinterher zu Protokoll gab, sein Patient sei gestorben, wie er es gewünscht habe, schmerzfrei und friedlich.

Die Hansestadt legte Trauer an, als die Nachricht vom Tod ihres großen Sohnes eintraf. Nachbarn legten Blumen vor dem Bungalow in Langenhorn ab und stellten Kerzen auf. Am Rathaus wurde die Staatsflagge mit dem schwarzen Flor aufgezogen, in die Kondolenzbücher in der Diele trugen sich Tausende ein. Zur Abschiedsfeier am 23. November 2015 in der Michaeliskirche erschienen Staatsgäste aus aller Welt.

Helmut Schmidt hat zahlreiche Bücher geschrieben. Eine Autobiografie ist nicht dabei. „Wenn jemand über sein eigenes Leben schreibt, ist er der Versuchung ausgesetzt, sich ein bisschen schöner zu malen, als er in Wirklichkeit ist“, sagte er einmal. Andere werden nun in Bild und Wort sich mit Leben und Wirken des Helmut Schmidt auseinandersetzen. So schnell wird die Erinnerung an einen großen Politiker und prächtigen Menschen nicht verblassen.

Frucht eines arbeitsamen Lebens als Autor, Herausgeber oder Interviewpartner: Mehr als 30 Bücher sind erschienen, die Helmut Schmidts Namen auf dem Titel tragen. Manche von ihnen brachten es zu Bestseller-Ehren.

Als sich die Nachricht von Helmut Schmidts Tod verbreitete, legten Nachbarn am Zaun vor dessen Grundstück in Hamburg-Langenhorn Blumen nieder und zündeten Kerzen an. „Er hatte Rückgrat und war für viele ein Vorbild", sagte eine 77-jährige Anwohnerin über den Mann, der so lange in ihrer Mitte gelebt hatte.

Die Nationalflagge auf Halbmast, die Hamburger Flagge mit Trauerflor, vor dem Rathaus hunderte Hamburger, die sich ins Kondolenzbuch eintragen wollen. Seit den Tagen, da Helmut Schmidt als Innensenator tatkräftig die Aktionen zur Bewältigung der Flutkatastrophe geleitet hatte, bestand ein besonderes Vertrauensverhältnis zwischen den Bürgern der Hansestadt und ihm.

Vor dem Schmidt-Porträt von Bernhard Heisig im Bundeskanzleramt tragen sich Angela Merkel und Joachim Gauck ins Kondolenzbuch ein. Der Bundespräsident: „Helmut Schmidt wird uns allen als Mensch in Erinnerung bleiben, der in seltener Einheit ein Mann der Tat, des klaren Gedankens und des offenen Wortes war." Die Kanzlerin: „Uns imponierten seine persönliche Bescheidenheit genauso wie sein Pflichtbewusstsein."